LA THÉORIE DU BABY BANG

Véronique Deiller et Julien Armilhon

LA THÉORIE DU BABY BANG

Illustrations de Johanna Fritz

SOLAR
EDITIONS

Au p'tit Tac qui, malgré toutes les difficultés, est la plus belle chose qui nous soit arrivée.

AVERTISSEMENT

Ce livre est pour vous si…

* Vous avez galéré avant la naissance… et ramez toujours après.
* Vous avez l'impression que depuis que vous avez un bébé, vous ne faites que vous planter.
* Vous observez les autres parents en vous disant « j'arriverai peut-être à leur niveau dans dix ans ».
* Depuis que vous avez un bébé, vous avez un sentiment diffus et incessant de culpabilité.
* Vous êtes plutôt adepte de Kierkegaard que de Christophe André.
* Vous n'étiez pas cool au lycée, étiez toujours celle/celui qui restait sur le banc de touche une fois les équipes sélectionnées.
* Vous avez regardé *Dirty Dancing* plus souvent que vous n'oseriez l'avouer.

Et si globalement, vous ne vous souvenez pas de la dernière fois que…

* Vous avez fait une nuit complète.
* Vous êtes lavé les cheveux.
* Vous avez éternué sans avoir l'impression de perdre à nouveau les eaux.
* Vous avez retrouvé un pull propre dans votre armoire sans crier victoire.
* Vous êtes passé(e) chez le coiffeur/l'esthéticienne de votre plein gré.

* Vous avez passé une folle nuit d'amour sans l'intention de vous reproduire, juste comme ça, pour le plaisir.
* Vous avez eu la cuisse ferme et la peau immaculée.
* Vous avez eu confiance en vous et vous êtes félicité.

Par contre, si vous trouvez que la parentalité est fastoche brioche, que vous n'avez jamais été aussi épanoui que depuis que vous avez eu un mioche, que vous êtes un millénial qui a des gamètes fonctionnels et de l'énergie plein les poches (pour rester politiquement correct), si vous n'avez jamais fait partie des exclus ou des moches, n'avez jamais rencontré de soucis à rouler des galoches, il est probable que vous ne soyez pas sensible à notre approche. Mais n'hésitez pas à offrir ce livre à un de vos proches !

INTRODUCTION

Et pour vous, c'est pour quand ? Si on avait touché 10 euros à chaque fois qu'on nous avait posé cette question, on pourrait aujourd'hui rivaliser avec François-Henri Pinault dans le classement des plus grandes fortunes du *Figaro*. Et pour vous, c'est pour quand ? Comme si un couple devait forcément avoir un, voire des enfants. Comme si on ne pouvait pas se satisfaire à nous-mêmes au moins pendant quelque temps... Non, aux yeux de notre famille, de nos potes, de nos collègues, du boucher, du serveur du resto vietnamien du coin, du chauffeur de la ligne de bus 21, il fallait, pour être heureux, qu'on ait un enfant. Alors que nous, du haut de nos 30 ans, on était plutôt contents.

Et puis, les années ont passé et nos projets ont évolué. Ça y était, on était prêts, on était au taquet : on allait le faire ce mouflet ! Mais il se trouve que dans notre cas comme pour malheureusement bien d'autres couples (jeunes, beaux, dynamiques, accomplis... cela va de soi !), ce n'était pas l'envie qui manquait, mais plutôt la physiologie. Il nous a donc fallu attendre plusieurs autres années pour enfin enfanter, pour pouvoir enfin pousser ce grand soupir de soulagement que nous attendions tant et qui dans notre esprit signifiait « c'est bon, le pire est passé » (pour l'Homme) et « on peut arrêter de courir après notre destin comme un cheval sauvage »* (pour V.).

Eh ben, sans vouloir spoiler la suite de ces pages, nous nous étions plantés. Car quand notre divine enfant est arrivée,

* Les auteurs vous conseillent fortement le visionnage de révision de *Dirty Dancing* avant d'entamer la suite de la lecture.

appelons-la E., nous étions certes très heureux, mais nous avons aussi sérieusement galéré. Galéré à nous aimer, galéré à nous retrouver, galéré à ne pas nous entretuer, galéré à savoir encore qui on était... Ce livre est dédié au récit de ces petites et grandes mésaventures, que nous n'avons pas toujours vécues de la même manière (d'où l'utilité des regards croisés), mais que nous avons dû traverser ensemble en nous demandant à notre tour : « Et pour nous, c'est pour quand ? » Pour quand le calme après la tempête ? Pour quand le retour des sourires et des fêtes ? Pour quand le bonheur et la fin des prises de tête ? Au risque là encore de divulgacher (en bon français que les correcteurs orthographiques ne reconnaissent pas), ce n'était pas pour tout de suite... Mais on a pris notre mal en patience, on a appris ensemble sur le tas et on a fini par y arriver !

Chapitre 1

Nous trois

Dans l'imaginaire collectif (comprendre la tête surhormonée des post-ados en fleurs), la recette d'une annonce de grossesse est simple comme celle d'une omelette : un câlin marathon, quelques nausées — question de se dire « tiens, tiens, ne serait-ce pas ce petit miracle tant attendu depuis douze jours et demi » (notez que ce n'est jamais les sushis avariés) —, un test de grossesse toujours positif, des larmes, des semblants de doute parce qu'il faut faire durer le suspense et, après une déclaration plus ou moins larmoyante où l'on offre à sa moitié le bâton en plastique qui a traîné sous un jet de pipi, comme le plus beau gage d'amour qui soit, bonheur, joie, félicité, tout le monde est heureux et bim, trente-trois minutes plus tard, le bébé est là dans les bras de ses parents toujours aussi larmoyants.

Dans notre réalité, l'omelette a un peu raté. Chez nous, pas de fécondation de champion, mais des œufs qui n'étaient visiblement plus de la première fraîcheur vu que nous avons dû nous faire aider par environ 234 personnes pour arriver à enfin procréer. Chez nous, pas de petit coup mémorable, mais une insémination beaucoup trop matinale dans le sous-sol couleur saumon (pourquoi les murs sont-ils toujours peints en saumon d'ailleurs ?) d'un hôpital de banlieue parisienne, le tout dans une tenue intégralement baignée de Coca light grâce au distributeur mal réglé du service de PMA (#OOTD). Chez nous, pas de test de grossesse à peine rincé emballé dans une boîte à chaussures customisée d'amour et du bolduc restant de Noël, mais une panne informatique dans un labo parisien qui « nous rappellera ». Et chez nous, pas de grossesse qui passe en un claquement de doigts, mais plutôt une gestation qui semble durer aussi longtemps que celle d'une éléphante d'Asie*.

Bref, avant même que notre divin enfant ne voie le jour, on aurait dû se douter que notre vie à trois n'allait pas se dérouler exactement comme nous l'avions imaginée. C'était bien sûr trop nous demander ! Nous avons déboulé dans la parentalité, surinformés, surmotivés, suropé' (de l'écharpe de portage quasi nouée à la bible du parent parfait : tout était prêt)... Et évidemment, ça ne s'est pas passé comme on le pensait, en premier lieu parce qu'il y avait dans notre équation bien rodée une nouvelle inconnue, à première vue complètement insoluble : notre bébé.

* Attention moment #funfactdapéro/moment culture-confiture : la gestation d'une éléphante d'Asie dure vingt-huit mois au lieu de vingt-deux chez son homologue d'Afrique. #mindblown

OK,
ON EST MAL BARRÉS

Un truc assez chou, mais un peu chelou est sorti de son/votre corps. Comment réagissez-vous ?

A Je suis heureux/se : il est né le divin enfant, jouez hautbois, résonnez musettes !

B Je suis circonspect(e) : c'était prévu ou du moins… la théorie était prévue.

C Je ne m'en fais pas. Ma moitié va gérer, comme d'hab.

D Sans opinion – mais faut pas qu'il/elle me pourrisse la vie, hein ?

Je fais quoi, moi ?

Avant de devenir parents, V. et moi avons traversé une phase pré-enfant particulière – mais finalement très *mainstream* – en devant recourir à une PMA (procréation médicalement assistée). Si tout s'est bien déroulé, j'ai tout de même été atteint pendant cette période un peu étrange du syndrome exclusivement masculin du « mais je sers à quoi, moi, au fait, à part dire que tout ira bien ? ».

J'ai vécu la naissance avec ce même sentiment. En tant qu'homme – viril, costaud, fort et totalement paumé face à la maternité –, je n'ai ressenti aucune connexion physique avec ce qui se passait, aucune sensation à laquelle me raccrocher. Du coup, la seule question qui me traversait l'esprit était : « Comment être utile ? » C'est précisément quand cette question s'est formée dans ma tête que j'ai compris qu'entre ces murs de la maternité, j'avais été propulsé en Chine : je ne parlais pas la même langue, les us et coutumes me semblaient complètement étrangers et les locaux étaient certes bienveillants, mais blasés avec les touristes.

Comme dans un pays étranger, il y a eu trois phases :

1. « **P..., je fais quoi maintenant ?** » À la maternité comme à l'étranger, mon cerveau n'a pas « computé » normalement : j'ai apporté des verres d'eau à tout le monde pendant deux heures (cette anecdote ressort à chaque Noël depuis quatre ans), je me suis perdu dans les couloirs, j'ai eu envie de fraises (*sic*).
2. « **Ah tiens, j'arrive à dire bonjour !** » En fait, il suffisait d'être là, de profiter... et de rassurer Madame qui, elle,

avait l'air d'avoir une vraie connexion physique avec ce qui sortait de son corps et visiblement cette connexion passait par la douleur.
3 « 现在几点? » Finalement, je me sentais plutôt bien ici, je... Mais c'est quoi ce truc dans mes bras ?

Visiblement, il y a eu une phase 4 composée exclusivement de questions métaphysiques proches de « Qui suis-je ? Où va l'homme ? Pain au chocolat ou chocolatine ? Je suis censé l'aimer au premier coup d'œil, être heureux ? Et V., elle ressent quoi ? » Aucun souvenir.

J'étais juste vide, paumé et crevé. Et V. n'avait pas l'air bien... Je m'occupais de laquelle ? Me lancer dans une grande discussion sur le thème « Tu la trouves réussie ? » semblait peu judicieux vu que ses réponses à mes questions étaient monosyllabiques.

Finalement, c'était à nouveau comme pendant la PMA : être là, présent, parler un peu. Mais comme pendant la PMA, les échanges sur le ressenti intime furent... succincts :

— Tu es heureuse ?
— Ça va.
— (O.K., donc ça ne va pas.) Veux-tu que j'aille nous chercher un truc sympa à manger pour célébrer ça ?
— Nan...
— Veux-tu que je prenne le truc rouge sur ton ventre distendu ?
— (Grognement animal.)
— D'ac. Je me mets à côté alors...

Et là, le mélange solitude + doutes + fatigue + moi j'aurais bien mangé une *currywurst** = je me suis endormi...

* La fameuse saucisse au curry, spécialité allemande qui vaut au pays de Goethe sa renommée gastronomique mondiale... ou pas !

on m'aurait donc menti ?

Quand la sage-femme m'a annoncé que j'avais droit à huit séances de préparation à l'accouchement remboursées par la sécu comme si c'était le dernier scoop interplanétaire depuis la séparation de Brangelina, j'ai failli lui rire au nez. Préparer mon accouchement ? Sans dec, ça fait trente ans que j'y bosse ! À 5 ans déjà, j'annonçais à ma mère régulièrement que la petite Samantha (ou Jessica, selon l'humeur du jour, mais toujours un prénom en -a) était sortie de mon nombril et que vraiment, je l'aimais très, très fort. À 16 ans, j'annonçais à mes potes que je portais l'enfant imaginaire de ma meilleure amie, parce que « Ouais, on n'a pas besoin des mecs, nous ! ». Là encore, j'ai chéri cet enfant d'un amour fou pendant quelques semaines, le temps qu'on se mette tout notre groupe de copains à dos avec nos histoires et que ma coparente finisse par se caser avec Grégoire (parce que bon, on n'en a pas besoin, mais c'est toujours mieux d'en avoir un) en me laissant reprendre mon statut usuel mais un temps oublié de petite grosse du fond. À 30 ans, l'Homme et moi étions jeunes, beaux et fringants presque autant que Dylan et Brenda dans *Beverly Hills* première génération (merci la fin de l'adolescence et la gym suédoise), mais on entamait un parcours d'AMP (ou PMA, enfin d'assistance médicale à la procréation pour celles et ceux qui auraient la chance de ne pas connaître la signification de l'acronyme en question). Ce bébé qu'on voulait tant, on allait finir par l'avoir et dans ma tête, je l'aimais déjà.

Grand saut cinq ans plus tard. J'étais enceinte, tout se passait bien, même si j'ai dû remplacer l'Homme pendant neuf mois par la lunette des toilettes, parce qu'elle, au moins, ne râlait pas quand je lui vomissais dessus. Et puis bim, ce qui devait arriver, arriva : la chair tant attendue de notre chair a enfin décidé de se pointer.

Sur le papier, j'ai eu droit à l'accouchement parfait, celui que toutes les momfluençeuses vantent en accouchant en vidéo et en direct sur Twitter et Insta (sans la piscine gonflable à domicile, par contre). L'enfant, qui était, à en juger par le dépassement du terme, hyper-confort là où elle était, a en revanche eu la gentillesse de ne pas y aller par quatre chemins. J'ai à peine eu le temps de crier « Youpi, pas d'épisiotomie ! », qu'elle était déjà sortie.

Et là, la grosse claque. Moi, qui m'attendais à être secouée par un tsunami d'amour, à surfer la vague de l'adoration parentale encore mieux que Buddy dans *Point Break*, le tout au premier regard, j'ai vite déchanté comme en atteste le petit dialogue intérieur entre ma moi rationnelle et ma moi émotionnelle qui se permet d'apparaître plus rapidement qu'une maladie vénérienne dans un camping l'été, quand je suis en situation de crise.

Moi 1 *(la rationnelle)* : Bon, au moins elle a tous ses doigts, elle respire, elle sera pas chauve comme son père. C'est déjà ça.

Moi 2 *(l'émotionnelle)* : Nan, mais allô, t'as pas l'impression qu'il y a quelque chose qui manque ? C'est ton enfant ! Là, t'es censée pleurer, déborder d'amour, dégouliner de bons sentiments, baver de tendresse. Mais *nada*, rien, zip ! Qu'est-ce qui se passe là-dedans ?

Moi 1 : Bon, au moins maintenant qu'elle est sortie, l'Homme a arrêté de saouler tout le monde avec ses verres d'eau. C'est déjà ça, *bis*.

Moi 2 : Regarde ses toutes petites mains, et son tout petit nez, et son tout petit tout ? C'est pas mimi, ça ? T'as pas envie de lui faire des gouzis ? Nan ? Ah, O.K....

Moi 1 : Bon, l'Homme fait la même tête que quand on commande du chinois. Comment j'interprète ça ?

Moi 2 : Enclenchement du mode panique. Lancez une alerte enlèvement. L'amour maternel a disparu (enfin, a oublié de se pointer).

J'étais donc soulagée que tout se soit bien passé, mais je me demandais tout de même quand est-ce que le coup de foudre parental allait s'abattre sur moi. Si j'avais été dans un film avec une des Jennifer (Garner, Lawrence, Aniston : rayez la mention inutile), j'aurais déjà été pulvérisée au moins trois fois. On m'aurait donc menti ?

Trois heures plus tard, dans la chambre, toujours rien, si ce n'est la peur irrationnelle de l'abîmer, la faire tomber, l'écraser au détour d'un geste déplacé. C'est là que je me suis rendu compte qu'avec l'Homme, on s'était à peine parlé depuis qu'elle était arrivée…

— Tu es heureuse ?

— Ça va. *(Dans ma tête : Si ce n'est que j'ai l'impression d'avoir poussé un peu trop fort et que toutes mes émotions ont été expulsées de mon corps avec le placenta. Tiens d'ailleurs, on n'a pas demandé si on pouvait le récupérer pour le manger*.)*

— Veux-tu que j'aille nous chercher un truc sympa à grignoter pour célébrer ça ?

— Nan… *(Franchement, le placenta, ça m'a un peu coupé l'appétit.)*

— Veux-tu que je prenne le truc rouge sur ton ventre distendu ?

* Comment ça vous ne connaissez pas la placentophagie ? Vite, vite, demandez à Google !

— (Grognement animal… qui signifie : *en fait je mangerais bien des sushis, mais je peux plus formuler des mots parce que ma petite fleur se réveille de l'anesthésie.)*

— D'ac. Je me mets à côté alors…

— … (*Ouais, c'est ça, joue à la Switch, laisse-moi dans mon coin avec mes yeux pour pleurer et sans mes sushis. Ah tiens, elle a bougé – l'enfant, pas la petite fleur. Elle est chou quand même. Tu vas voir poupette, on va y arriver !)*

CE QU'ON A APPRIS

Pour tous les parents, la naissance est une révélation… Mais pas toujours celle à laquelle on s'attend. Pour nous, l'arrivée de ce divin enfant, qu'on avait pourtant attendue et préparée pendant des années, a été l'occasion d'un constat assez ambivalent : l'amour parental, c'est un peu comme les antibiotiques, ce n'est pas automatique. Parfois, ça n'arrive pas au premier regard, au premier peau à peau ou à la première tétée. Heureusement, au fil des semaines, on apprend à se connaître, à se dompter et à ne plus pouvoir se séparer.

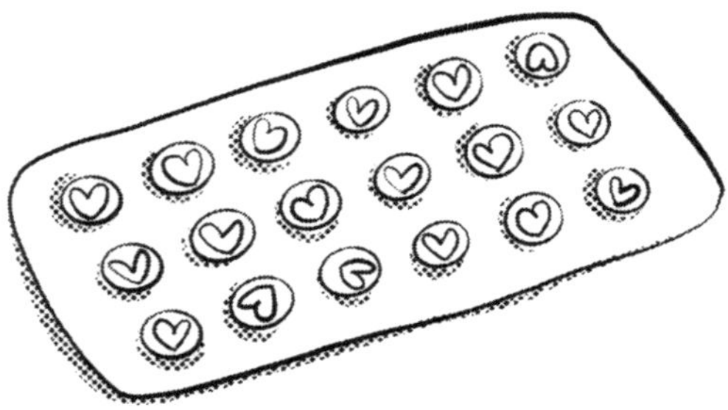

Quand ce n'est pas le coup de foudre, j'essaie de...

• En parler à l'Homme.
Il ressent quoi, lui ? Peut-être qu'en fait on danse sur le même pied et qu'on pourrait se rassurer !

• En parler à (une) maman.
Ma mère, mes amies sont déjà passées par là vu leurs récits d'accouchement (toujours gore, évidemment). Elles aussi sauront m'aider.

• En parler à la sage-femme.
Elle, elle en a carrément vu 643 des accouchements. Elle saura.

• Me donner du temps.
Tout vient à point à qui sait attendre (ou plutôt ici récupérer du marathon de l'accouchement, sortir de l'hôpital, rentrer au calme et se retrouver enfin entre six yeux).

• En parler à Madame.
Elle ressent quoi, elle ? Elle aussi a l'air dubitative, finalement.

• En parler aux copains.
A posteriori, c'est quasiment un sujet de plaisanterie, mais sur le coup, la naissance relève de l'omerta. Pourtant, ça pourrait être utile de partager un peu...

• Récupérer.
La fatigue et le stress font que le cerveau ne tourne plus tout à fait rond. On accepte de prendre notre temps pour aimer et profiter.

PREMIÈRES SORTIES, PREMIERS FLIPS

Votre bébé ronfle comme un ourson dans sa poussette, mais votre moitié est convaincue qu'il est à deux doigts de péricliter/passer l'arme à gauche/arrêter de respirer. Votre réaction ?

- A Vous roulez des yeux.
- B Vous roulez des yeux et lui dites qu'il/elle doit se calmer.
- C Vous le/la bousculez pour vous assurer d'être le/la premier(ère) à prendre son pouls… et ensuite vous roulez des yeux !
- D Aucune des solutions ci-dessus.

Mode hystérie : activé !

On pourrait croire que la première, soyons honnêtes, les premières balades avec son bébé, sont un grand moment de communion en famille, de fugaces instants de joie qui lient le couple dans un amour merveilleux de Bisounours un peu saouls… Pas du tout, ou en tout cas, à l'époque, pas pour nous !

Pourtant, pendant ma grossesse, j'étais aussi #pumped que les influenceuses CrossFit sur Insta. J'étais survoltée, shootée aux hormones, je connaissais tous les tutos YouTube de portage sur le bout de mes doigts potelés par les œdèmes du troisième trimestre, j'étais ultra-équipée, de l'écharpe bio à la poussette ultra-tendance qui se plie avec deux doigts et rentre toute seule dans le compartiment à bagages à main de l'avion… Bref, les balades, j'en étais sûre, ce serait notre truc à nous, notre solution miracle contre l'adversité, notre joker anti-pleurs même en plein milieu de l'hiver. Jules, lui, likait de temps en temps mes prestations d'un œil tout en concentrant l'autre sur son PC, sa tablette et son portable en même temps (il a ce don incroyable d'ubiquité numérique). Mais peu m'importait son manque d'intérêt : j'étais au taquet !

Et puis, le divin enfant est né et j'ai bien dû me rendre à l'évidence : même suréquipée, je n'étais pas tout à fait prête à surmonter le parcours de *Ninja Warrior* que sont les balades. En attestent les quelques douches froides prises avant même la combi pilote enfilée…

Douche froide 1 : Comment ça une check-list de sortie ?

Avant de partir de la maternité, coup de pression de la sage-femme. « Vous savez, on ne sort pas comme ça, les doigts dans le nez, avec un bébé tout juste né ! » Bien au contraire, il faut pour cela avoir coché toute une série d'items bizarres sur une check-list longue comme le bras dont on ne soupçonnait jusque-là pas l'existence.

La check-list qui te coupe toute envie de faire un pas dehors :

- Votre bébé est bien habillé, mais pas trop, « bien » signifiant qu'il a la tête et les pieds couverts, « pas trop » signifiant qu'il faut adapter son #OOTD à son accessoire de sortie, à la météo, à votre température corporelle, voire à l'alignement des astres… Et pour cela, il faut l'envelopper dans des couches faciles à retirer comme un oignon qu'on voudrait dépiauter (même si l'on sait pertinemment qu'enlever un pull à un bébé, c'est comme éplucher une échalote : ça donne direct envie de pleurer).
- Votre bébé est bien installé dans une position de sécurité qui n'est évidemment pas la même selon qu'il soit dans une écharpe, un porte-bébé ou une poussette, car vous savez, on ne sait jamais, son petit cou, nez… (Ajoutez ici tout autre membre susceptible de vous inquiéter !)
- Vous échelonnez le temps de sortie, car vous savez, on ne sait jamais, votre périnée… Du coup, commencez par dix minutes le premier jour, vingt le deuxième, etc., pour arriver à une heure, mais seulement au bout de dix jours. Faites le calcul avec les deux neurones qu'il vous reste après trois mois sans sommeil. Vous avez deux heures.
- Vous avez évité de sortir en cas de pandémie, de catastrophe nucléaire, de légère pluie ou de soleil un peu trop chaud, parce que vous savez, on ne sait jamais.

Nos réactions :

Douche froide 2 : L'écharpe de portage ? Un doux mirage !

De retour de la mater, je me dis : on va tenter la sortie en écharpe, parce qu'après tout, le portage, c'est ce qu'il y a de mieux pour conserver le lien qu'on avait *in utero*, pour que ses hanches ne partent pas en sucette, parce que ça fait du peau à peau en même temps et limite parce que c'est autonettoyant. Bref, c'est la solution miracle à tous les maux de l'humanité ou du moins à l'échantillon (non représentatif) que nous sommes tous les trois ! C'était sans essayer de glisser ce bébé plus fragile que le petit cœur d'une star de téléréalité dans un bout de tissu pas plus épais que son string de bain.

Nos réactions :

Le portage O.K., mais faut pas exagérer !

Depuis que le maternage est de tous les réseaux sociaux, il est de bon ton de porter son bébé en écharpe. Normal, après tout, qui n'aimerait pas booster sa sécurité affective, limiter ses coliques, ses pleurs du soir, ses petits et gros soucis de reflux, favoriser la maturation de ses hanches et l'aider à découvrir le monde de manière bienveillante ? Sauf que voilà, l'art du portage n'est pas non plus la pratique fastoche brioche qu'on pourrait croire, surtout quand il s'agit d'en acquérir les bases. Choisir les bons accessoires dans les bons matériaux, dompter l'art du nouage, installer son enfant correctement sans pleurer ou faire un AVC, ce n'est pas toujours donné. Alors, certes, il existe des ateliers de portage, vous pouvez vous faire accompagner avant ou après la naissance par votre sage-femme ou votre psychomotricien, voire même vous faire la main grâce aux copains. Mais si vous ne vous sentez pas d'attaque, que ce n'est pas possible pour une raison X ou Y, ou simplement que vous voulez mettre votre énergie ailleurs, n'oubliez pas que votre tout-petit sera comme un patachon dans sa poussette aussi !

Douche froide 3 Le porte-bébé ? La garantie de l'étouffer !

O.K., l'écharpe, c'est technique, on va revoir nos ambitions à la baisse et accepter notre relégation en D2 de la parentalité. On mise sur le porte-bébé. J'enveloppe donc le divin enfant façon oignon comme conseillé par la sage-femme, je glisse le petit cœur dans son harnais (#cestgagnéwedidit) et je m'apprête à affronter le froid. Dix pas plus loin, sueurs froides : *et si elle n'arrivait pas à respirer ?* C'est sûr, je sens rien (normal, on est en novembre et séparées par 36 couches de bodies, mais non non, ne soyons pas rationnels) : elle ne respire plus ? Panique, retour dix pas en arrière, épluchage de l'oignon... Évidemment, elle se porte comme une fleur. Nos réactions :

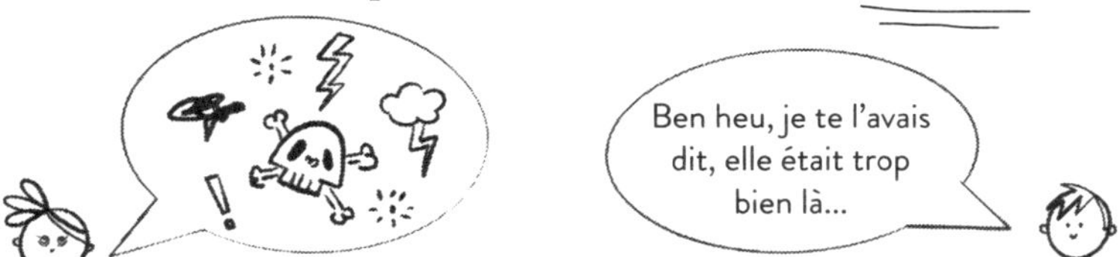

C'est là que mon sang n'a fait qu'un (nouveau) tour ! « J'ai pas besoin que tu me dises que tu me l'avais dit, j'ai besoin que tu trouves des solutions magiques, que tu sois mon preux chevalier qui nous embarque sur son cheval blanc, que tu combattes mes démons et mes peurs. Que tu ne t'en fiches pas, quoi... »

Note (rassurante) aux parents que vous serez dans quelques semaines :

Souvenez-vous quand vous avez intégré votre entreprise. Au début, vous étiez terrorisé(e) par le jargon (faut dire qu'il y a de quoi quand on est accueilli avec un « c'est simple, tu fais ton pré-brief en PPT, tu le balances au chef de projet en mettant la prod en CC et on se cale un call post-mortem après), mais une fois bien rodé(e), vous en êtes venu(e) à vous-même enrichir le langage interne de votre *team* tellement vous étiez à l'aise (#victoire). Pour les promenades avec votre bébé, c'est pareil. Vous êtes terrorisé(e) à l'idée qu'il soit trop/pas assez emmitouflé ? Pas de panique, dans trois semaines, c'est vous qui ferez la pluie et le beau temps !

Ha ha ha ha ha, tu es toujours aussi dingue !

« Mais arrête, je ne suis pas en sucre ! » me ressort V. *ad nauseam* depuis des années à chaque fois qu'avec une galanterie non feinte, je lui demande si elle a froid, si la pluie la dérange ou si cette douce brise automnale ne fait pas parcourir sur son corps délicat un frisson déplaisant.

Et l'enfant est arrivée. J'aurais dû me douter qu'il y avait anguille sous roche. Je suis coupable de ne pas avoir prêté attention aux signes avant-coureurs qui ont jalonné sa grossesse : l'envoi du tuto YouTube sur l'écharpe de portage, le comparatif des poussettes de *60 millions de consommateurs* (avec climatisation intégrée mais indirecte) ou bien la combinaison anti-radiations parent-enfant, collection été 2015… En négligeant ces signes, je ne me suis pas préparé au *Koh-Lanta* de la rue, au *Survivor* de l'asphalte : la sortie avec l'enfant en très bas âge. Et puis, la prise de conscience a fini par se faire en trois phases…

Phase 1 : La pré-sortie

La première fois que j'ai vu ma chère et tendre magnifiquement harnachée avec une écharpe d'une matière qui ressemblait vaguement à de la soie, mon sang n'a fait qu'un tour ! Et puis j'ai découvert qu'elle sanglotait en murmurant « jamais… je n'y arriverai, jamais » et j'ai compris qu'il ne s'agissait vraisemblablement pas d'explorer une nouvelle dimension de notre intimité, mais de son 43e essai pour nouer l'écharpe de portage. Après avoir détaché, à regret, Madame, et l'avoir consolée pendant une éternité, nous avons fini par nous mettre d'accord pour utiliser la poussette YOYO®, tellement fabuleuse qu'elle ferait passer les suspensions d'une 2CV pour une révolution technologique.

Phase 2 : La sortie à trois

Le soleil printanier d'avril inonde les rues de sa douceur juvénile. L'écharpe et le porte-bébé ont été sagement remplacés par la poussette pour assurer la paix du foyer et…

— Tu crois qu'elle a assez chaud ?
— Mon cœur, il fait 23 °C et elle a 12 couches dont deux en laine et une peau de mouton.
— Tu penses qu'elle a trop chaud ? Que je l'étouffe ?
— Non, mon sucre d'orge, je pense qu'elle est bien, regarde elle sourit !
— Elle a les lèvres roses. Ça doit être une allergie, on est au printemps…
— Elle n'est pas en sucre, mon oisillon d'amour.
— Tu t'en fous, c'est ça ?

Sous les regards compatissants des passants et réprobateurs des passantes, je renvoie ma moitié se reposer à la maison – avec la peau de mouton – pour finir le tour en paix.

Phase 3 : Seul au monde avec Wilson

« Et voilà, maman est rentrée… On va pouvoir passer aux choses sérieuses ! » Hop, je lâche la poussette dans la descente ; course-poursuite ; avion avec bruits de bouche ; slalom entre les arbres et E. s'endort. Elle s'endort ? Vraiment ? Et si elle avait trop chaud ? Trop froid ? Si elle faisait une allergie ? Elle ne bouge plus… Vite ! Tâter le pouls ! Merde, je l'ai réveillée. Mon cœur, je ne l'avouerai jamais, mais je suis aussi flippé que toi. Mais au-dedans.

CE QU'ON A APPRIS

Ça aurait été trop beau : les balades, un truc simple pour lequel on n'a pas besoin de se prendre la tête, un moment chouette qu'on a simplement à partager... Si cela a fini par être le cas, il a fallu avant cela qu'on apprenne et accepte qu'en devenant parents, on est, pendant un temps, terrifiés, pétrifiés, tétanisés, par la nouveauté et la peur de mal faire. La bonne nouvelle, c'est que ça passe (au bout de quelques semaines/mois, suivant la tolérance au stress) !

Pour faire face à nos peurs, on tente de...

• **Dédramatiser.** C'est normal de flipper, on apprend ! • **Lui dire tout de suite quand cela ne va pas (pas après quatorze mois).** Ce n'est pas un aveu de faiblesse ! • **Trouver un truc anti-stress qui marche bien.** Cohérence cardiaque, sophro... Faut évacuer la tension !	• **Écouter.** Ce n'est pas parce qu'elle sait tout qu'elle ne doute pas. • **Parler.** Avoir des peurs et en parler, c'est aussi équilibrer la situation et ne pas se réfugier derrière une fausse armure d'invincibilité. • **Prendre en charge.** Contre la peur, agir, rassurer, aider... ça fait du bien aux deux.

LES ONGLES, LE CACA, J'FAIS PAS !

Vous avez remarqué que votre enfant après un moment de crispation a l'air particulièrement détendu (à savoir, il vient de se soulager). Comment réagissez-vous ?

- **A** Vous faites comme si de rien était.
- **B** Vous appelez votre moitié.
- **C** Vous le changez (de mauvaise grâce, mais c'est fait).
- **D** « O.K. Google, cherche : Comment changer une couche ? »
- **E** Aucune des réponses précédentes.

Désolé, je suis émétophobe et apopathophobe (et demande à Google si tu comprends pas).

Posons les bases : pour le caca, je suis une merde. Je ne cherche aucune excuse, aucune circonstance atténuante : j'ai un rapport conflictuel avec tout ce qui sort du corps humain, même du mien.

Alors quand le bambin a commencé à me montrer très clairement que Lavoisier* avait tout compris aux enfants (mais avait oublié de préciser qu'ils transforment tout en un truc collant qui pue), j'ai eu un moment de doute : abandon de famille ? Mot du docteur ? Explication rationnelle (j'ai passé tellement de temps à l'hôpital que l'odeur de l'urine et du caca me renvoie à un passé difficile) ? Explication complètement irrationnelle (j'ai grandi dans une secte qui imposait des bains d'excréments à tous les premiers-nés pendant leurs douze premières années) ?

J'ai fini par opter pour la transparence totale :

— Mon cœur d'amour, voici une rose, un chocolat, un verre de spritz et par ailleurs, je ne me sens pas capable de changer la couche du bébé.
— Merci beau… tu déconnes, là ?
— Il est bon ce chocolat, non ?
— Tu ne vas pas m'avoir comme ça… Il en reste ?

* Bien qu'en désaccord sur cette référence (V. : Mais non, on vire, personne connaît Lavoisier ! J. : Mais tu plaisantes, les gens ne se sont pas arrêtés à l'invention de la téléréalité. Tout le monde connaît !), les auteurs ont décidé de la maintenir par respect pour l'équilibre précaire de leur couple et d'engager le lecteur à consulter Wikipedia.

Bref, j'avais très clairement annoncé la couleur. Pourtant, il y a forcément eu un moment où la réalité nous a rattrapés. Notamment ce moment terrifiant où je suis resté seul, pour la première fois, un après-midi entier, avec notre petit tube digestif ambulant d'amour. Un tuto Pampers® plus tard et c'était bon. Lorsque Madame est rentrée, j'ai, comme un enfant montrant fièrement son premier dessin/besoin fait comme un grand, dans le pot, à ses parents, partagé avec elle l'immense nouvelle : j'avais changé une couche ! Deux fois même !

La seule réponse que j'ai obtenue : « O.K., mais tu es conscient que je fais ça dix fois par jour depuis trois mois ? » Merci, mon amour, pour cet encouragement. Je vais retourner à mes excuses moisies et je te laisse à ta charge mentale.

SON DÉBRIEFING à ELLE

TON enfant, c'est un peu comme Deliveroo : si t'es pas content de la livraison, c'est pareil !

Avant la naissance de notre divin enfant, je ne m'attendais pas vraiment à des miracles pour ses premiers soins, du côté de l'Homme du moins. Il n'y a là rien de mesquin, juste une observation objective de faits :

1. Les seuls ongles de petites choses inoffensives que mon + 1 avait un jour côtoyés étaient les griffes de son petit caniche qu'il avait certes relooké en bison pour mieux jouer à l'Indien, mais qu'il n'avait jamais pris la peine de manucurer.

2. Se couper les ongles, pour lui, c'est aussi pénible que prendre mon rendez-vous annuel chez le dentiste, lui annon-

cer fièrement que je me brosse les dents 12 fois par jour et l'entendre découvrir cinq minutes plus tard une rage de dents qui ne me coûtera que 712 euros. À le voir s'installer en PLS sur le tapis de la salle de bains à chaque fois qu'il devait (et doit) couper les ongles de ses pieds, je ne voyais pas comment ça pouvait bien se passer avec un modèle réduit qu'on risquait en plus d'amputer d'un doigt à chaque coup de ciseaux à bouts ronds.

3 Même combat pour le caca : je le savais, décrotter notre enfant, cela le ferait suer... pour rester polie. Bref, j'étais donc prête et un peu résignée : je m'en occuperais une fois notre délicieuse enfant arrivée, le temps du moins qu'il se fasse la main.

Après la naissance, pas de bonne surprise. L'enfant, qui avait pris son temps pour sortir de mon utérus visiblement très confortable, est née avec des ongles dignes des sœurs Kardashian en mode *friday night* et il a donc fallu passer plus rapidement que prévu à l'épreuve du ratiboisage. Le caca aussi n'a évidemment pas attendu qu'on l'invite pour faire son entrée, ou plutôt sa sortie fracassante. Et l'Homme devenu papa a fermé ses yeux très fort, failli s'évanouir 12 fois et a sorti toute une flopée d'excellentes excuses pour se désister (séances de water-poney, rendez-vous chez le magnétiseur, etc.). Au début, je me suis donc acquittée de la tâche sans trop broncher vu qu'en l'occurrence, premièrement, le seul problème que j'ai avec le caca c'est quand on en parle entre potes à l'heure de l'apéro et deuxièmement, que les ongles de bébé, ben c'est seulement ça : des ongles. Le hic : au fil des mois, les ongles poussent et les cacas se multiplient... et les phobies de l'un deviennent la charge mentale de l'autre. Bref, j'ai fini par craquer.

CE QU'ON A APPRIS

Changer la couche ou couper les ongles : ces gestes de puériculture 1.0 sont au bébé ce que l'acné est à l'ado, le beaujolais à la rentrée, le mauvais chocolat à votre mémé : ça ne fait pas rêver, mais voilà, il faut passer par là ! Et pourtant, ces gestes, aussi simples puissent-ils paraître, ne sont pas toujours évidents, et peuvent même révéler des failles qu'on n'avait pas soupçonnées chez l'autre. Eh oui, être parents, c'est aussi accepter que chacun peut avoir ses limites.

Face à nos limites, on essaie de...

• Ne pas nier ses difficultés. en les faisant passer pour de la flemme ou un manque d'investissement (les terrorisés du caca ça doit bien exister !). **• Avoir des attentes réalistes.** Il bloque ? O.K., on ne va pas ruminer pendant les dix prochaines années. Il faut prendre le relais. **• Trouver un compromis.** Il ne peut pas assumer certaines tâches, O.K.. Mais comment on allège les miennes ?	**• Être honnête.** Nous avons tous nos limites, les cacher n'amène rien de bon. **• Demander de l'aide et des encouragements.** Dire clairement que je ne sais pas, que j'ai besoin d'une *cheerleader*, ça permet de moins angoisser. **• Trouver un compromis.** Je ne fais pas ça, mais je peux faire autre chose.

Entre les salsifis et les brocolis, tu choisis quoi, toi ?

Quand vous achetez des chaussettes, commandez sur Uber Eats, choisissez une nounou, vous êtes plutôt du genre à dire…

- Ⓐ Je vais prendre la même chose (mais en meilleur).
- Ⓑ T'as vraiment des goûts de chiottes (sauf en amour, inutile de le préciser).
- Ⓒ Nan, mais annule, j'me suis (encore) planté(e).
- Ⓓ Aucune des réponses ci-dessus.

Ben non, c'est pas la bonne (elle ne coche pas les 374 critères essentiels à l'embauche)

J'ai toujours été une flippée des (grandes) décisions : déjà petite, quand ma maman me demandait si je préférais un Candy'Up fraise ou vanille pour le goûter, j'avais l'impression que ma vie se jouait là, à cet instant où j'attrapais la briquette pour la fourrer dans mon cartable. Malheureusement, la situation ne s'est pas vraiment améliorée avec l'âge, si ce n'est que j'ai trouvé en Jules un Iznogoud en plus sexy et moins intéressé, un Raspoutine en moins occulte, mais tout aussi ténébreux. Bref, un conseiller qui avait le mérite d'avoir un avis sur tout et la science infuse ou presque. Et si c'est peut-être un détail pour vous, pour moi cela (voulait et) veut dire beaucoup*, notamment à l'heure des repas. En cause : j'étais (et suis toujours un peu) pétrifiée à l'idée qu'on me demande ce que je voulais manger depuis la cantoche du primaire et le choix cornélien qu'il fallait faire entre les salsifis et les brocolis.

Si pendant des années, Jules a donc été mon *cheerleader* décisionnel (en mode « Vas-y ma chérie : quel que soit le bimbimbap/yaourt que tu choisisiras, tu auras raison et je serai fier de toi »), la situation est devenue passablement plus compliquée le jour où on a eu un enfant et *a fortiori*, quand il a fallu trouver une nounou. Et pour cause : la décision m'était toujours aussi difficile à prendre, mais j'avais déjà en tête la grille de critères très précis, établie depuis des mois, voire des années. C'est simple, là où certaines s'imaginent déjà régner sur un empire du CAC 40 ou s'offrir une paire de souliers griffés pour leur divorce (histoire de se récompenser), moi, j'ai longtemps planifié ma Mary Poppins à moi. La preuve.

* ♫ Ça veut dire qu'il était libre, heureux d'être là malgré tout ! ♫

La nounou doit…	**car…**	**mais… !!**
être jeune	elle doit pouvoir courir après mon enfant en cas de danger imminent	pas trop jeune
être agréable à regarder	aucune explication rationnelle ici	pas trop jolie
être au courant de tous les courants de pensée de la pédo-pédagogie & co	franchement, si t'es pro de la petite enfance tu connais *a minima* la motricité libre, la théorie de l'attachement, etc. C'est la base, quoi…	ne pas être trop à cheval sur des grands principes
avoir un vocabulaire qui ferait pâlir Proust d'envie	pas moyen qu'elle s'adresse en areuh areuh à mon enfant qui rappelons-le est extrêmement précoce (elle regarde déjà avec les yeux grands ouverts)	ne doit pas être trop géniale non plus…
être maternante, bienveillante, charmante avec mon enfant	mon petit chouououou…	pas trop quand même
ne pas avoir la télé…	pas moyen que mon enfant soit élevé sur fond de clips de Nekfeu	ne doit pas être complètement déconnectée
parler plusieurs langues	mon bébé sera forcément plus intelligent s'il est exposé de manière précoce à des berceuses croates	ne pas parler plus de langues que moi
ne pas aimer le orange	j'aime pas le orange	ne pas aimer le jaune non plus
manger bio	bon, le bio, c'est bon	manger des Kinder quand même de temps en temps
être non-fumeuse, ne pas avoir d'animaux de compagnie et idéalement ne pas avoir de mari…	question de santé et de casier (judiciaire)	quand même avoir une vie sociale, et aimer boire un petit verre de temps en temps
garder en plus un autre enfant que le nôtre	il faut qu'elle puisse avoir une vie sociale, cette enfant,	pas plus, ou alors deux max !
être hyper au taquet sur son statut, adorer les démarches administratives, les déclarations à la CAF, passer des heures au téléphone avec les impôts…	on sait jamais, si elle veut s'occuper de la paperasse aussi…	ne pas être syndiquée ou trop passionnée par le droit du travail

car…	**donc…**
y a pas moyen que je mette une jeunette sous le nez de mon mec (suis pas jalouse, mais faut pas exagérer)	avoir entre 32 et 45 ans. À plus ou moins un an près, j'suis pas comme ça !
voir ci-dessus	moi en moins bien, c'est bien.
pas envie d'avoir une leçon de morale quand je pose mon bébé dans son transat	intelligente, mais pas moralisatrice. #easy
# jalouse	être intelligente mais discrètement.
on sait jamais : faudrait pas que l'enfant la préfère	rappeler 12 fois par jour à l'enfant, au détour d'un câlin, que vraiment sa mère est extraordinaire.
faut qu'on puisse causer dernières sorties de Netflix et *L'amour est dans le pré*.	être comme une de mes copines, mais quand même pas ma copine parce que c'est moi la boss !
# rejalouse	deux ou trois langues dont l'anglais chewing-gum, c'est bien.
j'aime pas le jaune	c'est pas compliqué…
il faut pas être psychorigide non plus	RE-être comme une de mes copines, mais quand même pas ma copine parce que c'est moi la boss !
c'est un peu triste de ne pas avoir d'amis…	être super populaire, mais essentiellement concentrée sur la chair de ma chair.
faudrait pas qu'elle se disperse (*bis*)	mon enfant doit être sa priorité absolue.
# onsaitjamais	juste assez motivée pour s'occuper de son contrat, ses fiches de paie, ses déclarations… elle-même.

Quand j'ai encouragé mon Rararaspoutine* à s'armer de cette *short list* (oui, oui : *short* !), à se libérer pour faire passer tous les entretiens et à prendre la décision finale de la nounou à embaucher — sachant qu'il s'agissait ici surtout de deviner et de valider la personne que j'avais déjà présélectionnée dans mon esprit sans me l'avouer car sinon cela aurait été bien trop simple — la pilule a bizarrement eu du mal à passer. Je comprends pas.

SON DÉBRIEFING à LUI

Note pour moi-même : ne pas lui dire « Tu vas VRAIMENT la laisser avec cette personne ? »

On va – encore – poser les bases : je suis fils unique et j'ai grandi avec une mère au foyer donc les nounous, les colonies de vacances, la cantine… Tout cela a pendant très longtemps été de la science-fiction pour moi.

Par conséquent, lorsque ma Juliette m'a dit que pour son équilibre mental il fallait que nous trouvions une nounou pour s'occuper de la chair de notre chair, j'ai dû revêtir ma plus belle po-po-po-poker face** et répondre : « Mais bien évidemment mon cœur d'amour, tu as regardé comment cela se passe ? »

Elle n'avait pas seulement regardé « comment cela se passe », elle avait déjà fait un repérage de la MAM (Maison d'assistante maternelle) du coin, réalisé un comparatif des *nanny cams* (les

* ♫… lover of the Russian queen ! ♫

** ♫ Can't read my, can't read my, no she can't read my poker face ! ♫

caméras espion à fourrer dans un nounours de la nurserie… juste au cas où), recueilli 7 392 avis Yelp sur les nounous de la ville et établi des critères de sélection pour l'heureuse élue qui aurait le droit de changer les couches de notre néomessie déjà digne d'entrer à Normale Sup. Tout cela synthétisé dans un tableau Excel avec pivots.

Avantage : cela avait un côté rassurant de voir que je n'étais pas le seul à surflipper même si V. vient d'une famille nombreuse, adepte des colos.

Inconvénient : je n'avais donc pas mon mot à dire puisque si l'on suit le tableau avec le doigt en tirant la langue et en fermant l'œil gauche, on tombe sur la seule nounou que V. a préalablement sélectionnée avec un plan B et un plan C qui clairement ne cochent respectivement que 370 et 372 des 374 critères de sélection.

— Tu en as donc retenu trois, tu veux que je les contacte ?

— Déjà fait. Nous avons rendez-vous demain à 15 h 45 chez celle-là, à 16 h 12 chez celle-ci et à 16 h 38 chez la dernière qui a l'air super-expérimentée, gentille, intelligente et parle six langues.

— Tu ne veux pas que nous allions directement chez la dernière ?

— Tu dis ça parce que tu t'en fous ?

— Pas du tout ! Parce qu'il me semble que tu as déj… non rien. C'est parfait.

Bilan des visites :

- La première était « une narcissique qui allait négliger notre enfant pendant qu'elle faisait son cours de Barreshape® sur Insta et qui manifestement se droguait ».

- La deuxième avait un balcon QU'ELLE N'AVAIT PAS MENTIONNÉ SUR L'ANNONCE ! Nan, mais un balcon, quoi ? Allô, une aire de mort, une zone de non-retour... Non, pas question !
- La troisième « n'était certes pas parfaite » – il y avait une pièce avec de la moquette –, mais « comme [elle] l'avait pressenti, elle était la nounou qu'il nous fallait ».

Perso, j'ai oscillé entre :

- Soulagement : on avait une nounou qui convenait à V.
- Soulagement (*bis*) : V. allait pouvoir retrouver une vie au-delà de son rôle de mère.
- Tristesse : on allait laisser MA fille avec une nounou à moquette.

CE QU'ON A APPRIS

Certes, la perspective de trouver la nounou parfaite représente une prise de tête pour tous les parents, mais ce que ce choix cornélien a révélé chez nous, c'est la peur de se planter comme des *newbies*, de faire une erreur dont notre enfant paierait les pots cassés… Sauf que personne ne peut être parfait et tout le monde va être confronté, à un moment ou un autre, à un gros ratage. Et plus on cherche à l'éviter, plus il finit par nous pendre au nez !

Face à l'éventualité d'une erreur, je tente de…

• Arrêter de me mettre la pression. Les *fails*, même en matière de parentalité, sont rarement irréversibles ! **• Assumer mes décisions malgré ma peur !** O.K., je suis tétanisée à l'idée de me planter, mais ce n'est pas une raison pour lui faire porter le chapeau en l'obligeant à trancher sur tout ! **• Lâcher prise !** Si la perspective de l'erreur est trop difficile, je délègue… Mais si je délègue, j'arrête de vouloir tout contrôler !	**• Accompagner.** Elle panique, moi aussi… mais faire le costaud, c'est parfois salvateur. **• Écouter.** Encore et toujours. C'est la clé dans les coups de flip. Celui qui a un problème est aussi celui qui a la solution. Le stress rend juste aveugle. **• Dire oui, mais…** Face à un côté névrotique, il y a des choses peu importantes (oui, elle a fait 12 000 cases sur son tableau Excel) et d'autres que l'on ne doit pas laisser passer (on choisit une nounou à deux).

Non !

On ne fait pas dodo devant un jeu vidéo

Votre enfant refuse de s'endormir. Vous…

- **A** tentez sereinement un « O.K. Google : comment endormir un bébé ? »
- **B** lancez votre téléphone faute de réponse satisfaisante et question de faire passer le temps en attendant qu'il se calme.
- **C** entamez votre troisième heure à fredonner « Fais dodo, baby shark… ».
- **D** Aucune des solutions ci-dessus.

Ce n'est pas comme ça qu'on fait (c'est Laurence P. qui l'a dit)

« Il y a fort, fort longtemps de cela, au cours d'un siècle désormais révolu, dans un pays tout à fait ordinaire, une femme tout aussi ordinaire, ni grande, ni petite, ni mince, ni grosse, ni jeune, ni vieille, ni médecin, ni puéricultrice (appelons-la Lolo pour préserver son anonymat) écrivit un livre merveilleux recelant toutes les formules magiques pour aider les petites gens du cru à vaincre les démons qu'ils avaient mis au monde. Ils le lurent, vécurent heureux et eurent beaucoup d'(autres) enfants, car ils savaient désormais s'en occuper. Eux aussi d'ailleurs le lurent, comme leurs enfants après eux, etc. »

Dans ma bibliothèque familiale, à côté des contes de Grimm et de Perrault, trônait un drôle de livre qui ne sortait pour ainsi dire jamais de son étagère, mais dont on rêvait comme de la raclette du Meilleur ouvrier de France fromager à l'ouverture de la saison du ski (et donc de la saison de la raclette) : *J'élève mon môme* ou peut-être *Tout se joue avant 36 ans*. Peu importe, ce livre, me disait-on, m'apprendrait tout, tout, tout sur la progéniture que j'aurais un jour. J'étais donc confiante : je le lirais et vivrais moi aussi heureuse avec toute une flopée de bambins.

Ce jour béni venu, quelques décennies plus tard, j'ai donc lu la bible familiale religieusement et tenté d'ensorceler mon petit diablotin à l'heure de dormir avec les formules miraculeuses du gourou des naissances. Les couchers réguliers pour lui donner des repères ? ÉCHEC. Les rituels du soir dès qu'il sort de mon utérus (voire même avant) ? ÉCHEC. Le shoot d'ocytocine pour le faire somnoler et relancer ma lactation (parce que les hormones, c'est magique !) en tenant ledit p'tit diable contre moi en peau à peau ? ÉCHEC + rhume à la clé (car les lois de la nature font que quand on traîne chez soi à moitié nue en plein mois de novembre, même sous deux plaids, on finit toujours par attraper le virus moisi du moment). Lui chanter des chansons qui lui rappellent, par le doux son de ma voix, à quel point il était heureux dans son *waterworld* perso (à savoir, ce même utérus) ? ÉCHEC, aussi. Et je passe évidemment les tentatives (conjointes) de lancer la machine à laver, passer l'aspirateur, faire marcher le sèche-cheveux pour, là encore, lui rappeler que dans sa piscine utérine, certes il y avait du raffut, mais que cela ne l'empêchait pas de dormir vingt-cinq heures par jour... Bref, face au (non) endormissement de la (nouvelle) prunelle de mes yeux, le constat était sans équivoque : s'il fallait passer les BUSE de la maternité, je n'aurais pas été Hermione, mais plutôt la première élève de toute l'histoire de Poudlard à redoubler (probablement une Poufsouffle). En d'autres mots : j'étais nulle pour endormir l'enfant et plus je m'en rendais compte, plus je stressais/angoissais/culpabilisais, ce qui ne faisait que décupler ma nullité et, au passage, mon agressivité envers l'Homme.

Et puis, un soir (au bout de deux jours), mon prince charmant est arrivé sur son cheval blanc, est sorti du métro en disant : « Laisse bébé, je gère... » ou un truc du genre. Et en effet, il a géré. Certes, il n'a pas suivi les conseils de Lolo et a bravé toutes les recommandations officielles de toutes les sociétés savantes de pédiatrie de toute la Terre, toutes pourtant soigneusement consignées par mes soins dans un dossier partagé de notre Cloud à côté de l'annuaire des numéros d'urgence et le tuto pour couper les ongles, mais il y est arrivé. Et ce jour-là, j'ai bien dû admettre qu'en matière de parentalité, on avait chacun nos compétences.

F… Pernoud : elle dort à chaque fois devant Zelda !

Soyons clairs : quand il s'agit de l'enfant, je suis un pragmatique. Pour un pragmatique, le stress existe peu : s'il y a un souci, on essaie, on bricole, on ajuste… et si ça ne marche pas, on trouve une autre solution. Quel merveilleux terrain d'expérimentation devient un enfant en bas âge lorsque la maman prononce la formule magique : « Hé bah, vas-y toi, si tu penses que t'y arriveras mieux ! »

Revenons quelques minutes en arrière. Je suis rentré à la maison, guilleret et sifflotant, après une journée de travail aussi réjouissante qu'une coloscopie lors de vacances en Ukraine, lorsqu'en poussant la porte j'ai découvert le doux spectacle de ma chère et tendre, les yeux rougis et les dents sorties, grommelant au-dessus du couffin de la preuve vivante – mais très éveillée – de notre amour.

— Bonsoir mon cœur, sympa ta berceuse préhistorique !
— *[Propos supprimés pour cause de langage trop injurieux.]*
— Que se passe-t-il ma rose de printemps fraîche comme la rosée un soir d'août ?
— Veut pas dormir…
— Tu as ess…
— *[Propos supprimés, bis.]*
— Laisse bébé, je gère.

Il fallait que la sortie soit réussie : j'ai pris l'enfant en pleurs dans les bras, tenté un baiser à la ~~gorgone~~ femme de ma vie, puis me suis dirigé vers la porte de notre chambre. À cet instant précis, il y a eu un grand vide. Un vertige. Un « purée, j'ai pas lu Lolo ».

Alors, en bon pragmatique, j'ai expérimenté.

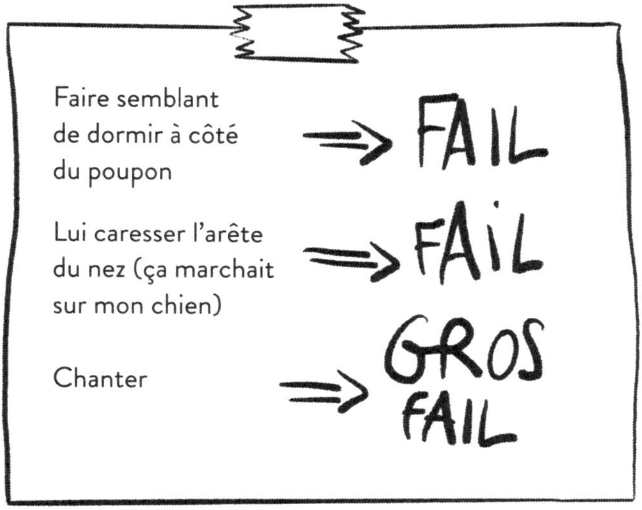

Et puis, j'ai allumé mon ordinateur et j'ai lancé un jeu (Diablo pour ceux qui veulent tenter). J'ai installé l'enfant sur mes cuisses, bien lové entre le père protecteur et les hordes de démons envahissant Sanctuary*. Vingt-trois secondes plus tard, l'enfant ronflait alors que j'avais à peine commencé ma partie**. L'air consterné de ma moitié qui m'espionnait par la porte entrouverte n'a fait que rajouter un vernis fort seyant à cette héroïque victoire.

* Sanctuary = le monde de Diablo, faut suivre un peu !

** Ou à looter Bélial, pour les initiés !

CE QU'ON A APPRIS

Endormir son bébé... Sur le papier (et dans la bouche des autres), cela paraît toujours un jeu d'enfant. Sauf qu'en réalité, il ne suffit pas d'avoir lu les bibles du *parenting* pour y arriver les doigts dans le nez. Chez nous, il y a eu beaucoup (beaucoup, beaucoup) de ratés et surtout un constat : en matière de parentalité, chacun a ses compétences et ses spécialités.

Face à mon incompétence, j'essaie de...

• Ne pas me remettre en question. Ce n'est pas parce que lui y arrive et pas moi, que je suis une mauvaise mère. Non, c'est juste une excellente solution à un problème épineux ! **• L'encourager !** Il a un incroyable talent ? Rien de tel que de le reconnaître pour lui donner confiance en lui. **• Identifier ses autres ressources** qui permettront d'alléger (encore plus) ma charge maternelle ! #déléguееeerlibéreeeer	**• Suivre mon instinct.** Parfois, l'enfant, c'est juste une question de feeling... pas toujours. Parfois. **• Ne pas entrer en compétition.** Ce n'est pas Diablo *vs* Lolo. On est complémentaires ! **• Garder cette histoire pour les repas de Noël en famille (sa famille).** Quand elle racontera qu'elle change 90 % des couches, ce sera un bon atout dans ma manche...

C'EST SÛR, ÇA VA MAL SE PASSER !

Bientôt les premières journées chez la nounou, vous...

- **A** fredonnez « libérééeeee, délivrééeeee » en boucle.
- **B** vous videz le rayon mouchoirs de votre supermarché. C'est pour votre moitié ! #ofcourse
- **C** vous vous mettez en mode survivaliste (ou *prepper*, pour les initiés)... Il va falloir vous préparer à la fin du monde !
- **D** Aucune des solutions ci-dessus.

Mais c'est sûr, elle va être malheureuuuuuuse !

Dans la vraie vie, l'Homme et moi, on est un peu comme Sacha et Pikachu, comme Vera et Scooby Doo, comme Angel et Buffy : on n'a pas grand-chose en commun en termes de personnalité et pourtant on est toujours collés, et parfois on a envie de s'entretuer. Notre plus grande différence : ma propension à croire que l'apocalypse est proche qui ferait passer Kierkegaard pour un éternel optimiste, et la faculté de Jules à voir toujours le bon côté des choses qui ferait passer Bob l'éponge pour un dépressif ! Pourtant, pour une raison qui nous échappe, ça marche. Reste que chaque jour est une petite confrontation de notre incompatibilité philosophique Les premières séparations en ont été l'exemple parfait.

Quand il a fallu laisser la prunelle de nos yeux à l'infâme nounou (car non, elle ne pouvait jamais être assez bien pour mon enfant), j'étais convaincue que l'Armageddon familial était sur le point d'avoir lieu… L'ignoble assistante maternelle, qui avait bien cerné la bête (moi), avait pourtant tenté d'éviter la fin du monde en me proposant une période d'adaptation ultra-soft, soit celle qu'on ne propose qu'aux mères flipettes qui consistait à lâcher l'enfant chaque jour vingt minutes de plus que la veille pendant un mois… #easy ? Peut-être pour les parents lambda, mais pour moi, vingt minutes, c'était bien plus de temps qu'il ne m'en fallait pour réécrire le scénario de *Godzilla* ou d'*Independance Day*.

Note (rassurante) aux futurs parents que vous serez dans quinze jours (ou plus) !

Vous avez l'impression d'être flippés pour tout et n'importe quoi ? C'est normal ! Les premiers pas dans la parentalité, c'est un peu comme repasser son bac tous les jours avec de nouvelles épreuves dans des matières qu'on n'a jamais étudiées (le nettoyage de traces de régurgitations, la rééducation du périnée...) en ayant en plus la responsabilité d'une petite vie. Qui n'angoisserait pas ? Et pourtant, plus les épreuves passent, plus on apprend (en fait suffisait de frotter avec du fiel de bœuf ou d'assortir sa tenue au biberon du jour/visualiser le fond de la grotte ou le papillon) et plus on prend confiance en soi, parfois même en mode #influenceusekegel*. Donnez-vous du temps, et vous y arriverez ! Par contre, si votre anxiété vous empêche d'avancer au quotidien, n'hésitez pas à en parler à votre médecin, au pédiatre, à votre thérapeute, aux infirmières de la PMI... Vous n'êtes jamais seul(e) : ne l'oubliez pas !

Pendant presque un mois, Jules a donc fait les frais, encore plus que d'habitude, de cette imagination débordante... La routine était très simple et extrêmement bien rodée. Je montais les deux étages sans ascenseur qui menaient chez la nounou tout en me demandant comment elle ferait pour les descendre sans déraper et écraser mon enfant dans d'atroces souffrances, je la déposais en épiant consciencieusement ladite nounou, histoire de vérifier qu'elle n'avait pas développé les symptômes pouvant faire d'elle la patiente 0 de la prochaine pandémie, puis je repartais l'âme en peine pour m'asseoir sur le banc du square situé à littéralement 12 mètres de la porte d'entrée de la Mary Poppins frauduleuse. Ensuite, je pleurais toutes les larmes de mon corps et une fois mes glandes lacrymales vidées, je prenais mon téléphone qui à l'époque n'était pas smart et inondais l'Homme de textos dantesques jusqu'à ce qu'il soit lui-même pourri par ma morosité contagieuse.

---

* Kegel quoi ? Si vous n'êtes pas né(e) au siècle dernier (ou quasi pas), vous n'êtes peut-être pas familiarisé(e) avec le travail du bon docteur Kegel. Si le gynécologue a aujourd'hui sa propre page Wikipedia (la nouvelle postérité), c'est pour avoir mis au point une série d'exercices visant à renforcer les muscles du périnée, à commencer par le célébrissime « stop-pipi » qui a accompagné des décennies de jeunes mamans avant d'être décrié. En cause, il favoriserait l'apparition de cystites... #fail

C'est simple, au bout de trois jours, il n'en pouvait plus. La preuve.

Jour 1

— Ça y est, j'ai abandonné mon bébé...
— Ça va aller, mon cœur…
— Et si elle la laisse dans un coin pour ne s'occuper que des autres mioches ? J'ai bien vu qu'elle préférait Théo et Louis.
— Tout va bien se passer, mon cœur…
— Et après, c'est sûr, ils vont trébucher sur elle et laisser leur surprise Kinder exprès dans sa petite main pour qu'elle l'avale et s'étouffe…
— Mon…
— Ah, dix-neuf minutes, c'est bon j'y vais.

Jour 2

— Ça y est, j'ai abandonné mon bébé...
— Ça va aller, mon cœur…
— Et si elle la laisse tout l'après-midi dans son lit parce qu'elle veut mater la télé ? J'ai bien vu qu'elle regardait *The Walking Dead* avec Théo et Louis*.
— Tout va bien se passer, mon cœur…
— Et je suis sûre qu'elle ne va même pas lui enlever sa turbulette, et elle va tellement transpirer qu'elle va être trempée de sueur et développer un érythème purulent, voire une mycose incurable, qui lui laissera des cicatrices atroces à vie !
— Mon…
— Ah, 39 minutes, je file !

---

* Alerte *fake news*: c'est évidemment complètement faux, mais il faut savoir bien nourrir sa propre psychose !

Jour 3

— Ça y est, j'ai abandonné mon bébé...
— Ça va aller, mon cœur...
— Et si elle décide de faire manger Louis et Théo avant la nôtre et qu'elle la laisse mourir de faim à l'occasion d'une crise d'hypoglycémie barbare* ?
— Tout va bien se passer, mon cœur...
— Et si elle lui donne intentionnellement la mauvaise purée juste parce qu'elle a la flemme de réchauffer celle que j'ai préparée avec amour et que mon bébé est allergique à la patate et fait un œdème que personne ne remarquera parce que tout le monde est occupé à regarder *Motus* ou *The Walking Dead* à la télé et...?
— ...
— Eh, tu réponds ? J'ai encore huit minutes à tenir !
— *Tututu, le numéro que vous avez demandé n'est plus en service actuellement...*

SON DÉBRIEFING à LUI

Tiens, le 06 de V. ? Hop, un Lexomil !

À mes yeux, toutes les premières fois ont le même schéma narratif, et le premier *drop* (V. dirait « abandon ») de l'enfant chez la nounou en est l'illustration parfaite. Il pourrait se résumer de la sorte :

---

* Alerte *fake news bis* : ce n'était évidemment, là encore, jamais le cas. Notre enfant étant dotée de cordes vocales surdéveloppées et râlant dans un volume bien supérieur aux autres, elle était toujours la première à être servie, engloutir son repas, voire à entamer celui des autres.

SCÈNE 1 **l'avant, la flipette**

Notons, en amont du récit de cette première journée, qu'avant de plonger dans l'inconnu, l'angoisse et l'excitation se mêlent… C'est dans l'équilibre entre ces deux sentiments que réside l'une des plus grosses différences entre V. et moi. Tel l'aventurier valeureux – et totalement idiot –, je gambade dans les prairies de l'insouciance en cueillant aujourd'hui les fleurs des problèmes de demain. V., elle, gambade dans les plaines désertiques d'un monde post-apocalyptique en envisageant l'intégralité des potentiels problèmes de demain* (et des jours suivants).

*L'Homme au travail, résolvant la faim dans le monde et la crise du Moyen-Orient**. Son téléphone sonne, brisant sa concentration digne de Kasparov.*

*Il reconnaît le numéro de sa compagne (EZPZ***, c'est marqué: V). Il avale un calmant et décroche.*

— Bonjour, mon cœur d'amour, comm…
— Ça va paaaaas.
— Que se passe…
— Je ne veux pas aller chez la nounouuuuu !
— Mais ce n'est pas toi qui y vas, c'est E.
— Tu comprends rien…

La ligne a été coupée. L'Homme, la larme à l'œil reprend un calmant sous le regard réprobateur de son collègue.

---

* Au choix : invasion de zombies cannibales, attaque thermonucléaire de l'Ouzbékistan, pandémie liée à une zoonose quelconque venue de la consommation d'un concombre de mer, seule espèce vivante restant sur Terre après l'Armageddon.

** Note de la coauteure : ou cherchant à vendre des tampons…

*** Ou fastoche brioche pour les non-geeks un peu ringards, ou simplement facile en bon français.

SCÈNE 2 **la quête** (généralement triomphale grâce au héros en armure).

Devant chez la nounou. Couple avec poussette affrontant un orage tonitruant (ma mémoire romance souvent l'histoire). Lui, comme un roc, pousse le landau et soutient sa femme abattue par le chagrin. En vrai, il a aussi envie de pleurer et de partir.

— On y est, mon cœur…
— *(Sanglots et reniflement peu sexy.)*
— Il faut monter, mon amour.
— Nooooon, je ne veux pas, je peux pas.
— Courage, ça va bien se passer…
— Non, elle va la tuer et ricaner sur sa dépouille encore chaude.
— Mon choubidou, on revient dans vingt-deux minutes. Et si tu veux on va prendre un petit verre en attendant.
— Non, je vais rester devant la porte.
— Sous la pluie ?
— Toi, tu t'en fous de toute façon !

Le cœur de l'Homme se déchire, mais il serre les dents comme le veut la coutume. Puis, il porte la femme et le landau au huitième étage sans ascenseur avant de trouver un coin pour faire sa crise cardiaque en toute dignité.

SCÈNE 3 **la résolution,** aussi connue sous le nom de *et ils vécurent ensemble et n'eurent pas d'autres enfants.*

Appartement de V. et J., le soir. L'enfant dort. C'était le troisième jour d'adaptation, l'enfant est vivante, la mère aussi (et ce n'était pas gagné).

— Ma sexy mater dolorosa, tu vois, tout s'est bien passé.
— Pffffffffff...
— La nounou dit que E. a été super cool.
— Elle n'y connaît rien.
— Grâce à elle tu vas avoir du temps pour te remettre à écrire.
— Oui, et puis faire du sport, voir mes copines et m'occuper un peu de moi.
— Sans stresser.
— T'es vraiment un canard*.
— Je t'aime.
— Moi aussi.

En somme, tout s'est bien passé, V. a flippé et l'a fait savoir. J'ai flippé, mais je ne l'ai dit qu'à mon psy. Et l'enfant a eu l'air très content.

* Par souci de préservation des oreilles les plus sensibles et par vocation pédagogique (bientôt vous devrez vous aussi tourner votre langue sept fois dans votre bouche avant de dire un gros mot), les auteurs ont décidé de remplacer systématiquement ce juron fort utile et courant par l'anatidé si cher à leur cœur.

CE QU'ON A APPRIS

Même si l'un des deux fait son caïd en mode #jegèresévère, il y a fort à parier que les premières séparations soient difficiles pour chacun. Mais pour nous, cela n'a finalement pas été le nœud du problème. Une fois le terrain bien préparé, on a fini, peu ou prou, par y arriver. Non, le vrai souci a été (et est toujours parfois) d'essayer de préserver l'autre de ses émotions passablement pénibles ET contagieuses, à commencer par l'anxiété.

Face à l'anxiété, je tente de...

• **Positiver.** Non, tout n'est pas obligé de mal se passer, tout le temps, sans exception. • **Rediriger mon attention sur ce qui fait du bien.** La perspective des retrouvailles, le moment sympa passé ensemble la veille, les nouveaux souliers/nouvelles plantes que je vais pouvoir acheter pendant que notre bébé sera gardé. • **Partager mes appréhensions/angoisses pour essayer de trouver des solutions.** Déposer l'enfant chez la nounou, trop compliqué ? C'est l'Homme qui va s'en charger, j'irai la récupérer.	• **Relativiser.** Ça nous arrive à tous les deux d'avoir un coup de stress. Même si elle a tout lu, tout vu, elle a besoin d'une épaule pour essuyer ses larmes et son nez. • **Me prémunir.** La contagion du stress, ça existe, j'applique donc les gestes barrières qui marchent pour moi afin de pouvoir rester sain. • **Dédramatiser.** Sans doute le plus dur et dangereux. Être capable de sortir du *drama* pour faire sourire sans être culpabilisant.

ATTENDS, MARIA (MONTESSORI) elle a pas dit ÇA !!

Votre partenaire vient de donner à votre enfant de 2 ans ¾ un jouet qui n'est pas recommandé avant 3 ans. Comment réagissez-vous ?

- **A** Vous le/la pourrissez.
- **B** Vous enlevez le jouet et vous le/la pourrissez.
- **C** Vous enlevez le jouet, vérifiez que votre enfant va bien et le/la pourrissez (votre + 1, pas le bébé).
- **D** Aucune des réponses ci-dessus.

on n'a pas fait comme il fallait...

Avant d'avoir un enfant, j'étais persuadée que jouer avec un bébé, c'était aussi facile que de détester mon voisin de métro, à l'heure de pointe, en période de canicule ou de snober les gens qui m'adressaient la parole avant mon premier café. Ultra-simple, donc. En enfantant, j'ai bien dû me rendre à l'évidence. Non, il ne suffit pas de donner un hochet à son bébé. Il faut avoir, pour le divertir, non seulement un bac + 12 en puériculture, mais aussi les capacités intellectuelles d'un lauréat de la médaille Fields*.

Pour moi, le constat a été simple. Trouver l'activité/le jouet adapté à la chair de ma chair nécessitait de résoudre d'abord une équation *a priori* basique...

(Jouet) = [(âge de B(bébé) + développement de B) (bois issu des forêts bien gérées de J + coton bio Oeko-Tex de J + norme CE de J + label Spiel Gut de J) - (plastique qui tue la planète de J + vernis toxique de J + petits morceaux de J avalables par B)] x stress parental[32]

Ajoutez à cela les théories bien ficelées, mais évidemment différentes, sinon ce serait trop simple, de tous les experts de l'éveil infantile et c'en était trop : mes neurones ont tout simplement décidé de se mettre grève... Et pas n'importe quelle grève. J'aurais pu arrêter de circuler (frénétiquement, dans toute la maison), comme un cheminot à compter dès la rentrée de septembre (ou la Toussaint les bonnes années). Mais non, j'ai opté pour la grève dure, version *black bloc* maternel. Je me suis donc lancé un pavé dans le pied, j'ai déli-

* Le fameux prix Nobel de Maths qui en fait n'en est pas un, au cas où vous vous le demandiez.

bérément fait tout faux comme on mange l'intégralité de la tablette de chocolat après avoir commencé par un carré et s'être dit « franchement, au point où j'en suis... ». J'ai assis l'enfant contre des coussins moelleux alors que j'aurais dû la laisser rouler sur une couverture rapiécée à même le carrelage. Je lui ai donné un Peppa Pig musical en plastique alors qu'elle aurait dû ouvrir les yeux sur le monde grâce à une cuillère en bois recyclé... Et après tout cela, j'ai évidemment culpabilisé. Et comme j'ai culpabilisé, je suis allée pleurer chez Jules car :

1. J'avais ENCORE tout raté.
2. Notre enfant allait, par ma faute, avoir le QI d'une huître* et l'agilité de ma grand-mère quand elle s'est cassé le col du fémur.
3. Je n'aurais jamais la médaille Fields (ce qui était plutôt prévisible, mais bon faudrait pas rater une occasion de râler !).
4. De toute façon, il ne « pouvait pas comprendre » (toujours finir par cet argument massue, pour asseoir sa légitimité de #dramaqueen).

Jules m'a lancé le regard (celui qui veut dire « j'hésite entre le divorce et l'internement »), a fait tourner l'enfant au-dessus de sa tête en faisant des bruits de *Faucon Millenium*. Elle a poussé un grand « ghi » qui dans leur langage à eux veut dire « cool mec ». J'ai eu un peu envie de pleurer, un peu envie qu'on se dispute, un peu envie de commencer la dernière tablette de chocolat.

La motricité libre : et si on arrêtait de se prendre la tête et qu'on le laissait faire ?

S'il n'y a qu'une théorie à retenir en matière d'éveil et de développement de bébé, c'est celle d'Emmi Pikler. Dans les années 1920, cette pédiatre autrichienne part de ses observations pro pour développer la notion de motricité libre ou autonome. Selon elle, « l'enfant participe activement à son développement moteur si son environnement et l'accompagnement des adultes lui permettent de faire ses propres expériences corporelles. Sans apprentissage conduit par l'adulte, le petit enfant peut franchir toutes les étapes de la position sur le dos à la marche [...] à sa manière et à son rythme ». En d'autres mots : pas besoin d'en faire des tonnes ! Au contraire, votre bébé est capable de se débrouiller tout seul ou presque, à condition que vous mettiez à sa dispo une « aire d'exercice de son activité par lui-même », ou plus simplement, un petit coin sécurisé adapté à son âge. Concrètement, cela donne quoi ? Pour les tout-petits :

– un espace délimité par une couverture ou un tapis d'éveil posé au sol.

– deux trois petits jouets qu'il peut facilement attraper, déposés pas trop loin pour qu'il puisse les voir, mais pas trop près pour qu'il fasse l'effort de rouler/ramper/bouger son popotin pour les attraper.

– et vous, à côté, sirotant un café et vérifiant qu'il ne s'écrase pas le bout du nez sur le parquet et lui rappelant qu'il est brillant comme maman/un petit ninja comme papa.

SON DÉBRIEFING à LUI

Quand tu parles d'activité, tu veux dire la baballe, genre ?

Quand il s'agit d'activités, je suis plutôt du genre livres, théories, concepts et contemplation que CrossFit®, *rave party* ou cadeaux à la FNAC le 24 décembre vers 16 heures. Seule exception à ce calme olympien qui fait l'admiration des bonzes tibétains : mettez-moi un jeu ou un jouet – n'importe lequel – devant les yeux et mon énergie est proche de celle d'un bébé labrador, mais sans le côté « han, qu'il est mignooon » (#fandetoutou) car j'ai la truffe moins luisante.

Et pour moi, un enfant est :

☑ En lui-même un jouet fort sympathique.

☑ Un partenaire de jeu peu doué, certes, mais disponible et quasi inépuisable.

Quand Madame a commencé à sortir des manuels pour « bien jouer avec bébé », j'ai d'abord ri avant de réaliser qu'elle était tout à fait sérieuse et que « ha ha ha ha, tu as un manuel pour lui faire un bisou sur le front aussi ? » me vaudrait sûrement une – énième – nuit sur le canapé.

Dans un premier temps, le jeu peu orthodoxe/les moments de *bonding* père-fille sont donc restés cachés. « Maman n'est pas là ! C'est qui la fusée qui va sur la Lune ? Tchaaaaaaaaaaaaaaaaaouuuuuu (imitation parfaite de la fusée faite entièrement à la bouche). Attention, des astéroïdes (lustre) ! Ouh là, un trou noir (porte ouverte) ! Etc. »

Ces incroyables aventures dont Disney n'a pas encore acheté les droits s'arrêtaient dès que ma Laurence Pernoud (heu ! Lolo), perso rentrait dans la pièce. Mais au bout de quelques mois, le protocole secret a été découvert et les péripéties de Buzette l'Éclair ont été dévoilées au grand jour.

— Tada dadaaa da tadadada ! Princesse Layette vogue dans le vide interstellaire…

— Tu fais quoi, là ?

— Je joue, enfin, je crée un lien d'attachement précieux avec E.

— T'es fou, tu la secoues dans tous les sens ! C'est pas comme ça dans le chapitre « Jouer » du manuel

Montessori, édition (reliée) de 1988 !
— T'inquiète, je faisais ça avec mon chien !
— …

La discussion aurait pu s'envenimer, mais Chewbackette a eu la gentillesse de pousser un tonitruant « ghiiiiiiiii ! » signifiant sans l'ombre d'un doute possible : « Encore, *man* ! » *Star Wars* : 1. Montessori : 0. Mais j'ai quand même dormi sur le canapé. VDM.

CE QU'ON A APPRIS

S'il y a un point sur lequel on pensait qu'on n'aurait jamais à accorder nos violons, c'est bien l'éveil, les activités, les jeux de bébé. Jouer avec notre bébé : *a priori*, c'était pour nous le côté sympa de la parentalité, ce moment qu'on attendait tous les deux pour échanger de tendres moments de complicité dignes d'une pub Kinder qui n'aurait pas été tournée dans les années 1980, en Allemagne de l'Est. En réalité, on s'est rendu compte que même les choses les plus anodines de la parentalité pouvaient susciter un grand sentiment de culpabilité. En toile de fond : la pression à être des parents parfaits/instagrammables/au courant de tout, tout le temps.

Face à la pression de toujours bien faire, j'essaie de...

• Admettre qu'élever son enfant, c'est comme faire une quiche lorraine. Tout le monde a sa propre recette et c'est forcément la meilleure. **• Arrêter de vouloir tout faire, en matière de parentalité, *by the book*.** Chaque enfant est différent et Lolo n'a pas vu le nôtre. Donc pas de pression ! Si elle sourit et grandit bien, c'est qu'elle s'épanouit ! **• Lâcher l'affaire !** Elle n'a pas eu les joujoux de Maria et n'a pas marché à 9 mois : *so what** ?	**• S'amuser.** Si jouer devient une corvée, on perd toute la sincérité du moment, l'enfant le sent et ça devient aussi sympa qu'une sortie en forêt en novembre sous la pluie avec tata Monique. En dehors des échecs, du go ou de StarCraft, peu de jeux demandent un guide pour être appréciés. **• Oublier la timidité.** Danser comme un imbécile devant un poupon de 6 mois c'est intime, ça ne regarde que moi – et le futur psy du poupon –, alors le rire de l'enfant est le seul indicateur à suivre. **• Continuer.** Si Madame rit aussi, même avec un air désolé, c'est encore mieux.

* « Et alors ? » en bon français.

Jusqu'ici tout va bien...

À force d'insister, vous voilà en tête à tête avec votre enfant. Vous...

- **A** lui parlez du dernier papier que vous avez lu dans *Canard PC*/*Causette*.
- **B** appelez votre joker (votre mère).
- **C** menez une étude anthropologique sur le comportement des petits d'hommes.
- **D** Aucune des réponses ci-dessus.

Ça ne doit pas être bien compliqué… tout le monde y arrive !

Parmi les très nombreux défauts dont la nature m'a pourvu (d'après V. en tout cas), deux rendent mon approche de la parentalité particulière.

- Je suis un K-way® face au stress. Pas (uniquement) pour le côté inélégant de l'habit, mais pour mon imperméabilité quasi totale à la tension ou aux angoisses face à des événements imprévus.
- Je suis un kamikaze face à la nouveauté. Certes, je ne crie pas « banzaï » dès que je vois un sticker « nouveau » sur un paquet de yaourts, mais j'aime le changement, la nouveauté et le petit pas vers l'inconnu que cela implique.

En bonus, mon ego surdimensionné me laisse penser que si mon voisin arrive à faire un truc, je devrais pouvoir le faire aussi (en dehors de mes échecs cuisants avec le CrossFit® ou l'apprentissage de l'allemand).

Bref, une fois assimilée l'information que nous allions être trois, l'étape de la grossesse où V. m'a montré mieux qu'un pote bourré (Antoine, Benoît…) qu'un corps peut expulser plus qu'il n'a ingurgité, j'étais relativement serein. RELATIVEMENT. Et puis, un jour, quelques semaines après la naissance, V. est entrée dans la chambre et m'a annoncé :

— J'ai besoin d'air, j'ai ma copine allemande qui me propose un spa islandais avec des masseuses suédoises qui te servent du chai indien. Je reviens dans trois heures.

— Ça a l'air bien, les masseuses suédoises.

— … (porte qui claque)

Et là, c'est le moment où le truc qui dormait dans un coin depuis vingt-trois secondes fait « haaagaaaa » ou en langage humain « mec, tu vas en baver grave ».

« BANZAÏ ! » Il paraît qu'à notre époque, le père moderne et dynamique doit savoir nouer une écharpe de portage, chanter des berceuses en cinq langues, voire donner le sein. Bref, un papa sait quoi faire face à son bébé. Moi, non. Je sais parler aux adultes (c'est mon métier), je sais avoir un raisonnement cartésien et prendre une décision rationnelle. Mais un truc qui ne parle pas vraiment, c'est plus compliqué. Surtout lorsqu'un sursaut d'orgueil m'interdit d'appeler V. qui doit déguster son chai indien sur un sofa en bambou indonésien.

Alors, tel le premier Cortés venu, j'essaie de nouer des liens : Le doute sur la communication disparaît parce qu'au final le bout de chair emmailloté fait 95 % du boulot. Doute remplacé, malheureusement, par bien d'autres doutes : si je m'allonge à côté de lui, vais-je l'écraser ? La diversification alimentaire c'est à 6 jours ou 6 semaines ? Pourquoi ne rapporte-t-elle pas la baballe ?

Mais finalement, quand V. est rentrée détendue de son spa – détente qui a duré au moins vingt-trois minutes –, E. et moi étions en pleine conversation sur l'interpénétration des cultures européennes dans un monde globalisé : « Ghiiiiiiiii ! »

O.K., c'est l'heure du grand saut !

Improviser ? Désolée, c'est pas ma tasse de thé... Lâcher prise ? Plutôt me jeter dans la Tamise*. Pas besoin de faire un dessin : la spontanéité, la confiance en l'univers, la nouveauté, ce n'est pas naturellement dans mes cordes, et cela ne l'a jamais été, même avant la maternité. L'Homme l'a d'ailleurs appris à ses dépens quand il a organisé une fête d'anniversaire pour mes 25 ans et que je suis rentrée après une journée de boulot de douze heures pour trouver toute ma famille planquée dans les toilettes. Le problème : je déteste les surprises. Ce sont les pires nouveautés, celles qu'on ne peut pas prévoir et donc pas gérer comme on le voudrait. Résultat : la mésaventure s'est soldée par un week-end à l'ambiance plombée et a valu à Monsieur quinze jours de rancœur et de chasteté sur le canapé.

Évidemment, quand le divin enfant est né, la situation ne s'est pas arrangée. Au contraire, pendant des semaines, toute l'activité de et autour de notre progéniture a été millimétrée. Les cacas ? Trackés dans une appli ! Les tétées (ratées) et les biberons (de soulagement) : notés au millilitre près dans un cahier. Les #OOTD : prévus une semaine à l'avance avec leur back-up et le back-up de leur back-up (on ne sait jamais, un pet de travers, un rot en trop...). Dans cet ordre ambiant que la Corée du Nord nous aurait jalousé, l'Homme et ses tendances à l'improvisation libertaire ne rentraient évidemment pas dans le moule.

---

* ... ou tout autre fleuve au demeurant, mais surmontons les rancœurs du Brexit quelques instants pour savourer la rime.

Et puis l'inéluctable jour du choix est arrivé. J'avais deux options :

1 Rester dans notre doux foyer, continuer à tout contrôler et finir par exploser.

2 Aller passer un moment #hygge dans un spa islandais tenu par des Suédois pour siroter un chai indien bien tapé tout en me faisant masser à côté du canapé en bambou indonésien, mais lui aussi un peu suédois. #merciikea

Bizarrement, l'option 2 s'est vite imposée même si un problème de fond persistait : comment faire confiance à l'Homme qui n'a rien lu, rien vu, même pas les vidéos YouTube sur les dernières avancées neuroscientifiques en matière d'éveil infantile à décliner chez soi en pâte à modeler faite maison, que j'avais pris le soin de lui envoyer, évidemment. Non, l'Homme ne s'intéressait globalement qu'à l'interpénétration des cultures européennes dans un monde globalisé et je voyais mal comment cela pouvait coller avec la prise en charge de notre bébé. J'avais trois heures devant moi, c'était le moment de travailler un peu sur moi-même.

1 Arrivée au spa, chai à la main, j'ai commencé par tenter l'option mantra en boucle : « J'ai confiance en lui et en ses décisions », « J'ai confiance en lui et en ses décisions »... Et puis, mon esprit apocalyptico-kierkegaardien a repris le dessus pour me rappeler que les solutions généralement trouvées par l'Homme en matière de puériculture commençaient par « Dia- » et finissaient par « -blo » ou « Poké- » et « -mon », d'ailleurs. J'ai avalé de travers et été tentée de courir dans la rue, malgré le string jetable en papier qui soulignait si bien mes formes elles aussi post-apocalyptiques de grossesse. #faildumantra

2 La masseuse suédoise du spa islandais m'installe. O.K., encore deux heures, à défaut de lui faire une confiance aveugle, pourquoi ne pas tenter de lâcher prise avec la pleine conscience ? Après tout, le *mindfulness*, c'est #hype, ça détendra mes neurones et c'est pas comme si j'avais autre chose à faire, la tête plantée dans le trou de la table de massage. J'observe mes sensations : la chaleur de l'huile sur mon dos, l'ambiance feutrée, la douceur du toucher, mes muscles qui se détendent doucement mais sûrement, la pédicure ratée de la masseuse dans ses Birkenstock... Et là, bim, dialogue intérieur avec moi-même :

Moi 1 : *La pédicure ratée ? Tiens en pensant ratage, c'est sûr qu'à ce stade de l'aprem l'Homme a dû se planter.*

Moi 2 : *Si seulement je pouvais attraper mon téléphone. Ces strings jetables sont vraiment mal pensés. Ils pourraient en faire avec une poche (note pour plus tard : déposer un brevet, s'inscrire au Concours Lépine)...*

Moi 2 : *Maudits Smartphones. Je n'aurais jamais eu ce problème avec mon Nokia 3310. #nostalgie*

Moi 1 : *Zut, zut, zut, zut...*

J'essaie d'accueillir mes pensées et de les « laisser passer » pour me reconnecter à l'instant comme le ferait tout petit bouddha, mais rien à faire. #faildelapleineconscience

Je finis par rentrer deux heures plus tard. L'Homme a cette idée saugrenue que je suis détendue. En réalité, je suis à cran. Et puis je me rends compte que non seulement, il sont tous les deux vivants et apparemment dépourvus d'érythème fessier, mais qu'à coups de « ghiiii » et de « tu sais, Goethe disait », ils ont réussi à passer (eux) un bon moment. Peut-être qu'il faut simplement que je parte plus souvent ? Je savoure ces vingt-trois minutes d'insouciance et de bonheur. Et puis, mes vieux démons reprennent le dessus. Ce serait trop simple autrement.

CE QU'ON A APPRIS

Lâcher prise, faire confiance à l'autre… Parfois, c'est aussi naturel que la bouche de Kylie Jenner. Et pourtant, quand on devient parents, c'est plus essentiel que jamais. Ce n'est qu'en faisant confiance à l'autre qu'on peut l'encourager dans ses premiers pas de parent. Et ce n'est qu'en lâchant prise qu'on peut (enfin) un peu souffler, et arrêter de se faire ronger par le stress et l'appréhension. Allez, il est temps d'avoir foi en l'humanité (ou à défaut, en votre moitié).

Face au manque de confiance, je tente de...

• Me souvenir qu'il est plein de ressources insoupçonnées.
Il me l'a déjà montré dans d'autres situations bien plus périlleuses que deux heures passées à la maison sur le tapis du salon.

• Observer la situation de manière rationnelle.
Après tout, s'il y a un pépin, je suis joignable, la pédiatre a son cabinet à 30 mètres de la maison et il a le numéro de portable de ma môman.

• Ne pas projeter mes propres angoisses sur l'Homme mais en parler à ma psy à l'occasion.
Ce n'est pas lui qui est incompétent, c'est moi qui dois apprendre à accepter de me reposer parfois sur les autres, que tout ne peut pas être parfait tout le temps (ou du moins comme je le voudrais...).

• Virer V. de la maison plus souvent.
Ça me permet de passer du temps avec E. et de laisser à V. du temps pour se reposer/stresser dans son coin.

• Dédramatiser.
L'enfant, c'est comme mon chien, on n'a pas toujours besoin de mots pour se comprendre et passer un bon moment.

• Me faire confiance.
L'instinct aide presque autant que YouTube.

Moi

je sais,

Toi

tu te tais !

Votre + 1 a entrepris de moucher votre bébé, mais n'a visiblement pas étudié la question assez longuement (il a lu moins de trois livres et regardé moins de quatre tutos sur le sujet).
Comment réagissez-vous ?

- **A** Vous lui arrachez le sérum phy des mains et barricadez l'entrée de la salle de bains.
- **B** Vous lui faites répéter l'exercice sur Gaston, la licorne en peluche.
- **C** Vous le/la laissez faire… Vous pourrez encore mieux le/la pourrir APRÈS.
- **D** Aucune des réponses précédentes.

SON DÉBRIEFING à ELLE

Mais t'as jamais fait, laisse tomber !

Faire un bébé et se retrouver en compétition pour être sâcré meilleur parent ? Franchement, on ne l'avait pas vu venir. Après tout, dans notre vie d'avant les pulls puants et les cheveux gras (corollaires de la parentalité nouvelle), Jules et moi avions un ordre bien établi. C'était clair, net, précis : chacun avait ses compétences, pas de concurrence possible, nous n'étions qu'amour et admiration réciproque.

Jules, lui…

* Cuisinait.
* Citait Nietzsche et Lavoisier comme si on devait les connaître mieux que les anciens candidats de *Koh-Lanta*.
* Jouait aux échecs, au backgammon et avait trouvé tous les Pokémon de toutes les versions du jeu, des cartes à jouer à la DS en passant par la Game Boy.
* Peignait comme un grand maître hollandais parce qu'il avait décoré des figurines WarHammer quand il était petit.
* Savait qu'à table, le pain se met à gauche de l'assiette et que c'est malpoli de dire bon appétit…
* Désamorçait toutes mes crises parce qu'il les avait déjà testées sur son petit caniche (hypoglycémie, bouderie, rébellion, etc.).

Admirable…

Personnellement, j'avais aussi plein de talents cachés dont je n'avais pas à rougir comme…

* Ma capacité à deviner n'importe quelle chanson de Radio Nostalgie avant le début des paroles.
* Mon don pour me souvenir des prénoms des gens qu'on ne serait jamais amenés à recroiser, tout comme la profession de leurs parents et leur marque de yaourt préférée… Totale-

ment inutile donc, mais qui force le respect malgré tout !

✶ Ma connaissance extrêmement pointue de tous les films de danse des années 1980-1990 à commencer par les répliques cultes de *Dirty Dancing* (« Ben quoi, c'est pas un crime de porter des pastèques ! »).

✶ Ma recette de cookies et ma propension à la mettre au service des gens en grande détresse émotionnelle. Grossir et compatir, c'était (et c'est toujours un peu) mon credo. C'est comme ça qu'au boulot, tout le monde avait pris 5 kilos.

Puis, l'enfant est née et les choses se sont évidemment compliquées. Et pour cause : on a immédiatement été en compet pour valider notre talent parental (ou du moins, j'ai tout de suite été en compet). Et il m'a vite paru évident que je devrais gagner cette compétition pour des raisons toutes meilleures les unes que les autres :

1 J'avais lu Lolo et tous les autres !

2 Je m'étais entraînée sur des mini-humains par le passé, faisant partie d'une famille nombreuse, et pas seulement sur un chien.

3 Je n'avais pas peur des fluides corporels : yeux qui morvent, nez qui bavent et dents qui coulent, rien ne m'atteint !

4 Étant à la maison avec notre petit objet d'expérimentation, j'avais pu m'entraîner quotidiennement ou presque à dégainer des suppos, vider des mignonnettes de sérum phy, crémer des petits culs... bref, Docteur Maboul lui-même n'en serait pas revenu.

En gros, j'étais parfaitement au point et l'Homme était donc forcément moyen. Sauf que voilà. Lui, n'était pas prêt à me laisser l'exclu de la compétence parentale. Et évidemment, quand il a essayé de s'entraîner pour jouer dans ma division, j'ai badé. Mec, tu crois vraiment que je vais te laisser enfoncer une dosette de sérum phy dans le nez de mon bébé alors que tu ne savais pas il y a trois jours la différencier avec la poire à lavement de Mémé ?

Lavage de nez : offrez-vous une trêve !

Le lavage de nez, c'est un peu la guerre froide de la parentalité. Les enjeux sont grands (votre bébé a le nez bouché et donc du mal à respirer), la tension est palpable (il pleure, il râle, il a du mal à dormir, donc tout le monde est crevé/sur les nerfs), et les deux camps s'observent en chiens de faïence en attendant le premier incident diplomatique prétexte à l'attaque (« Nan, mais t'as pas penché sa tête sur le côté ! Tu vas le noyer dans un tsunami de sérum phy ! » Engueulade, porte qui claque, etc.).

Pourtant, le mouchage de bébé est le moment idéal pour commencer une phase de détente, voire renouer avec la partie adverse, quelle que soit la méthode que vous utilisez. La preuve :

1. Vous faites une désobstruction rhinopharyngée (le terme savant pour mouchage au sérum phy #cultureconfiture) ? Répartissez-vous les tâches : l'un tient la tête du petit bouché en faisant des gouzis, pendant que l'autre dégaine la dosette. Cela vous évitera de finir couvert(e) de sérum et de larmes (les vôtres, suite à votre défaite cuisante face à l'asticot).

2. Vous avez un mouche-bébé (manuel évidemment, faut pas plaisanter, t'as vu le prix de l'électrique) ? Responsabilisez votre moitié en lui confiant la mission essentielle de l'aspiration. Résultat : vous vous débarrassez du sale boulot tout en convainquant votre + 1 qu'il est le garant de la paix du ménage/dans le monde.

Team spirit, j'écris ton nom (mais V. a perdu le stylo) !

Pour qu'un couple tienne, il faut à mes yeux :

✱ S'équilibrer : V. connaît tout *Dirty Dancing* ; je connais tout Wim Wenders.

✱ Se compléter : V. fait très bien la charlotte trois chocolats ; je maîtrise les travers de porc.

✱ Se challenger : V. prend un menu « plat + dessert » ; je prends « entrée + plat + dessert ».

Avec l'enfant, c'est pareil. Ou presque. Il faut plus s'équilibrer, plus se compléter… mais sans doute se challenger différemment. Pour V., TOUT est challenge, compétition. Pour être précis, tout est remise en cause donc de fait tout est remis en question donc tout est compétition. Dans cette situation, il y a l'équipe mais surtout le *star player*, le Neymar qui ne veut pas de l'ombre de Mbappé.

Alors pour V. qui a lu, TOUT lu, qui a vu les tutos, TOUS les tutos, l'idée même que je puisse – par hasard, chance ou bon sens – faire quelque chose qu'elle n'arrive pas à faire avec l'enfant, c'est un drame silencieux qui rejaillira des jours, semaines, mois plus tard.

Un exemple en apparence anodin : le bain. V. déteste le bain. Perso, je passe deux heures dans l'eau tiède de ma baignoire avec café, livre, tablette, à peu près tous les matins. Alors pour baigner l'enfant, V. avait la théorie, *toute* la théorie. J'avais l'envie, *toute* l'envie. J'ai donc proposé naïvement de m'occuper de cette tâche qui semblait tant rebuter ma moitié… et ouvert les portes de l'enfer.

« Tu penses savoir mieux faire que moi, c'est ça ? Je ne réussis jamais rien ? J'ai toujours besoin de toi ? »

Ma tête a immédiatement joué au « shitstorm bingo(TM)* ». Jamais : check. Toujours : check. Mode agressif : check. BINGO ! Il y avait donc tous les voyants au rouge, mais de manière incompréhensible, j'ai décidé de ne pas lâcher : « Souvent, oui ! » ai-je répondu avant de me prendre savon, serviette, canard jaune en plastique, pyjama de rechange, couche propre (ouf) et enfant en pleine tête.

Neymar est parti bouder dans la chambre et j'ai pu ~~tirer le penalty~~ baigner l'enfant en me demandant s'il fallait ou pas lui mettre la tête sous l'eau pour lui laver les cheveux et si le gommage facial Clinique de V. était adapté à son âge.

Finalement, je suis arrivé dans la chambre avec l'enfant propre et souriante, ai fait un baiser à V. qui ruminait encore, mais avait eu trente minutes à elle pour se reposer un peu.

— Tu sais mon cœur, parfois, tu peux me laisser faire, j'apprends et surtout je te dégage du temps pour toi.
— Tais-toi.
— Qui plus est, il y a plein de trucs que je peux faire, c'est comme avec Astuce…
— Astuce ?
— Tu sais, mon chien…
— Sors, va-t'en.

Sinon, pour être honnête : j'avais aussi lu Lolo en cachette pour être au niveau.

* À savoir, le jeu de bingo où, quelle que soit la case sur laquelle tu tombes, t'es tout simplement dans la merde (pour rester poli).

CE QU'ON A APPRIS

La compétition dans un couple, cela peut arriver. Cela peut même parfois avoir un côté sexy, en constituant les préliminaires d'une bonne parade amoureuse… Mais quand il s'agit d'élever un enfant, c'est juste insoutenable, car forcément générateur d'engueulades. Non, ce n'est pas utile de rappeler à votre moitié que vous savez moucher ~~noyer votre enfant en 10 ml de sérum phy~~ et pas lui/elle. Ce qu'on a découvert, c'est qu'être parents, c'était forcément un travail d'équipe.

Face à l'esprit de compétition, je tente de…

• Passer mode #dreamteam. Personne n'a rien à gagner face à un Neymar qui se la pète et plombe l'ambiance et les résultats… surtout pas notre enfant ! **• Lui proposer de l'aide, plutôt que lui fourrer le nez dans mon « expertise » !** Je sais la moucher : O.K.. Au lieu de triompher, je pourrais lui montrer comment ça marche. Ce serait plus constructif ! **• Admettre que ma manière de faire n'est pas forcément la seule.** Il ne mouche pas notre enfant comme moi ? *So what* ? Ça ne veut pas dire que le résultat n'est pas là !	**• Me renseigner un minimum.** Même s'il ne me semble pas nécessaire d'être abonné à *Parents* et d'avoir lu 230 livres, une base est bénéfique pour éviter de : **1.** commencer la diversification à 3 semaines ou **2.** mettre notre enfant à la plongée sous-marine à 6 mois (même si on en a tous les deux très envie). **• Écouter l'autre.** ELLE a tout lu. Elle a donc des bases. Ça m'aide et ça la valorise. **• Essayer.** La parentalité, ça se ressent, alors parfois (souvent) il faut faire sauter le verrou de l'inhibition et mettre la main à la pâte encore et encore. L'objectif : montrer à l'autre que je suis à la hauteur, sans qu'il y ait forcément un match entre nous.

OK, je me suis planté(e)...

Comment ça, j'l'ai pas dit à haute voix ?

Vous venez de vous rendre compte que votre + 1 (usuellement tellement au point) vient de se planter dans la réalisation du biberon/du dosage du Doliprane/de la recette de la tartiflette. Vous…

- **A** vous taisez, mais jubilez intérieurement…
- **B** lui mettez le nez dans son caca/ses contradictions.
- **C** vous dites : « M…, va falloir que je prenne le relais. »
- **D** lui lancez un petit regard de Bambi : « Attends, je pense qu'on peut faire mieux à deux… »

SON DÉBRIEFING @ ELLE

Ah là là, j'ai encore tout raté !

Le problème quand on s'autoproclame détenteur/trice – universel(le), incontesté(e), divin(e) – de la compétence parentale, c'est qu'on n'a pas le droit à l'erreur ou alors il faut savoir enrober son imposture dans une propagande bien huilée. Et après avoir partagé ma vie pendant plus d'une décennie avec un pro du marketing, je savais exactement comment m'y prendre. Ma technique ? Je l'ai baptisée (en toute simplicité et humilité et pour la postérité) : le BOOB®, ou BObard OBjectif.

Adeptes du BOOB®, bonjour !

Tout le monde a forcément un(e) collègue qui abuse éhontément du BOOB®. Le principe est simple : scander haut et fort qu'on est à l'origine de toutes les bonnes choses sur Terre, sans vraiment mentir complètement, question de ne pas se faire pincer. En d'autres mots : oser une bonne dose de malhonnêteté qui vous fasse briller en société, tout en comptant sur le fait que 99 % de la population autour de vous saura faire preuve d'humilité/ne dira rien. Un exemple : ce projet hyper-innovant mené par votre équipe (et pour lequel vous n'avez pas fait grand-chose) ? Bien sûr, c'est vous ! Le petit sourire permanent qui s'affiche sur la bouille de votre enfant (alors que c'est votre + 1 qui vient de le bercer pendant deux heures) : c'est vous aussi, *of course* !

Pendant les premiers mois de notre bébé Cadum®, je suis donc devenue adepte du BOOB® plus que jamais, clamant à qui voulait bien l'entendre que j'étais de tous les lavages de nez, seins pompés et couches changées (ce qui n'était pas tout à fait faux, mais passons). J'ai ainsi su convaincre mes consommateurs de bonnes paroles de mon *claim* de parent ultra-compétent au point de presque y croire moi-même... Puis, le jour maudit et tant redouté de l'inévitable plantade est arrivé.

C'était le premier jour où je devais laisser l'Homme et l'enfant, seuls entre quatre yeux, pendant plus de vingt-quatre heures. Lui faire confiance ? J'avais déjà testé. Mais croire en sa capacité à verser quatre mesurettes de lait en poudre dans 120 ml d'eau et mélanger pendant plus d'une journée ? Nan, c'était trop compliqué. J'ai donc préparé à l'avance tous les biberons de la journée, que j'ai allègrement laissé traîner sur le plan de travail de la cuisine en laissant un mot doux-amer style « Y a plus qu'à profiter, tout est près ! ». Sauf que quatre heures de train et mille bornes plus tard, alors que je boobais mon départ, ma copine My m'a innocemment demandé : « Mais c'est pas une heure le temps maximal durant lequel on peut laisser les biberons à l'air libre ? »

Et là, mon monde s'est écroulé comme le jour où les Spice Girls ont annoncé qu'elles se séparaient d'un commun accord pour se lancer dans des carrières solo qui évidemment n'aboutiraient jamais à rien d'autre que quelques tubes vraiment nazes (*It's Raining Men*? Vraiment, Geri ?). Je m'étais donc lamentablement plantée. Par acquit de conscience, j'ai vite demandé à Doctissimo si je pouvais enterrer le dossier comme Nixon a voulu étouffer le Watergate, comme M6 a éradiqué *Popstars* alors que c'était la meilleure émission de téléréalité jamais diffusée, mais malheureusement, Doctissimo m'a quand même conseillé d'avouer l'erreur à l'Homme pour éviter les drames qu'il sait si bien prédire (intoxication alimentaire, contamination bactérienne et généralement mort certaine ou au moins consultation en extrême urgence). J'ai donc dû confesser, admettre à moi-même plus qu'à l'Homme, que j'étais nulle, nulle, nulle, et m'en vouloir pendant une bonne semaine, le temps de vraiment pourrir l'ambiance à la maison.

C'est ça, c'est ça…

Mon premier chef m'a donné un jour l'un des tout meilleurs conseils que j'ai reçus : « Une carrière réussie tient à une chose : toujours avoir l'air bien plus idiot qu'on ne l'est. » Ce qu'il n'avait pas précisé, c'est que c'est aussi la base pour un couple heureux avec enfant (ou sans).

Cette attitude de gentil abruti pas 100% au fait de ce qu'il se passe est une garantie incroyable de paix sociale et d'harmonie face à un être certes aimé, mais également totalement, absolument, infiniment sûr de son fait lorsqu'il s'agit de :

1. La gestion du poupon.
2. L'éducation de l'enfant.
3. Le bouturage des plantes vertes.
4. *Dirty Dancing* – mais ça c'est vrai.

Alors le jour où ma chère et tendre s'est ~~enfin cassée~~ m'a laissé vingt-quatre heures seul en charge de l'enfant, mon cerveau – ou l'instinct de survie – a émis successivement différents messages contradictoires.

Phase 1

C'est ça, oui, au revoir, prends ton temps, ha ha ha !

Sur le pas de la porte je regarde ma *BAE* s'éloigner avec ses trois valises, deux sacs à main et la larme à l'œil (de laisser son enfant, hein, pas moi) soit « le strict nécessaire pour trente-six heures ». Je regarde l'enfant qui sourit dans mes bras et…
« Avion à rééééééééééactionnnn ! Brrrrrrrrrrrrrrrrrrrrrrr ! On va s'amuser ensemble mon bébé d'amour, sans ta mère castra… »

Phase 2

C'est quoi cette odeur ? Pourquoi tu cries ? Tu aimes le confit de canard ?

Passée la première demi-heure euphorique, à peine entachée par la découverte des 168 Post-it laissés par ma moitié pour guider chacun de mes pas (« mais je te fais confiance, mon amour », avait-elle dit), le temps des épreuves et des petites victoires est arrivé. Oui, je savais répondre aux besoins de notre enfant... juste à ma manière. La preuve.

La couche :
(Post-it 1 à 14)

La théorie Changer la couche toutes les deux heures, systématiquement avant chaque biberon, essuyer ses fefesses du bas vers le haut avec du liniment oléo-je-ne-sais-quoi, vérifier si lesdites fefesses sont rouges et le cas échéant, les badigeonner de crème qui pue le poisson mort, enfiler une couche, mais pas trop serrer les scratchs...

Ma solution Le tuto YouTube. Il marche nickel, ça pue, j'aime pas ça, mais c'est fait.

Le feedback

Couche EZPZ* Baby

* Ou fastoche brioche pour les non-geeks.

Je fais ça tous les jours.

La sieste du matin
(Post-it 15 à 38)

La théorie Suivre à la lettre le rituel de coucher du matin. S'installer au calme dans le canapé, s'extasier devant un imagier de petites bêtes, chanter *Bohemian Rhapsody* 12 fois, poser l'enfant, fermer les volets mais pas trop, sortir de la chambre en reculant et en évitant la 12e latte de plancher en partant de la droite parce qu'elle grince, parler à l'enfant mais pas trop non plus.

Ma solution Un coup de Diablo 3 et l'enfant rejoint Morphée pour une heure trente.

Le feedback

Le repas
(Post-it 39 à 81 afin de résumer clairement toutes les différentes étapes de la diversification alimentaire)

La théorie D'après les notes de V., la diversification alimentaire, c'est globalement trop compliqué pour moi. Ma seule mission : réchauffer les purées trop liquides qu'elle a préparées.

Ma solution La fameuse purée rubis de papa (carotte, betterave et céleri, croquant gourmand), qui évidemment, passe nickel.

Le feedback

> Trop bon la purée de papa (photo de l'enfant barbouillée à l'appui) !

> Tu as vu l'état de son pyjama !

La couche (bis)
(Voir Post-it 1 à 14)

La théorie Le hic : « Mais tu fais combien de fois par jour ? Pourquoi c'est violet ? C'est du sang ? »

Ma solution Panique intérieure -> Doctissimo, pseudo : Omkigere69 -> selles violettes = betterave, tout va bien.

Le feedback

> Elle fait caca combien de fois par jour ?

> Ha ha ha ha ha ha. Bien fait !

Les jeux d'éveil
(Post-it 82 à 101)

La théorie Suivre à la lettre les préceptes d'Emmi Pikler et notamment les pages cornées et les passages surlignés de ses travaux de recherche posés sur la table de chevet. Compléter cette lecture par les Post-it susmentionnés. Dans un second temps, commencer à jouer.

Ma Solution « Gnagnagna tapis d'éveil, blablabla cubes… Allez, ma chérie d'amour, on refait la fusée ! »

Le Feedback

Elle vole ! C'est super-bébé (photo à l'appui) !

Pose-la ou je te tue !

Le dîner
(Post-it 102 à 168)

La théorie Réchauffer la deuxième purée (celle étiquetée « dîner » dans le frigo, juste au cas où je n'aurais pas compris) et donner le biberon déjà prêt parce que là encore sa préparation excède mes compétences.

Ma Solution Bazarder le tout. Le lait bien préparé sentait délicieusement la mort. Elle l'avait laissé dehors après l'avoir préparé entre 2 h 15 et 2 h 45 du matin.

Le Feedback

C'est fait exprès le lait laissé dehors ? Ça sent le vomi.

…

V. ? Youhou ?

…

T'inquiète, je lui refais un biberon et on t'appelle en visio après.

Tu vas savoir doser ?

En tout cas, je ne le laisserai pas pourrir pendant seize heures…

Je. Te. Hais.

L'angoisse préventive de cette journée à être responsable de notre enfant a laissé la place à une pile de Post-it et un double sentiment : un épuisement total et une fierté sans nom. Mais quand même… encore vingt-quatre heures avant que V. ne rentre. C'est mieux à deux.

CE QU'ON A APPRIS

Remballer sa fierté, admettre ses erreurs ? Bien sûr que sur le papier, c'est une bonne idée ! Mais en réalité, c'est parfois compliqué... Et quand on devient parents, ça ne s'arrange évidemment pas ! Et pour cause : on ressent souvent une telle pression à tout devoir faire parfaitement, qu'on finit par s'autoflageller bien plus qu'on ne le devrait, le jour où évidemment l'inévitable erreur se produit. Pourtant, se tromper, c'est non seulement normal, mais c'est surtout aussi une occasion d'apprendre (et donc de s'améliorer). Bref, on a tenté.

Face à l'erreur, je n'oublie pas de...

• Faire mon *mea culpa*. Pour apprendre de mes erreurs, pas de secret, il faut d'abord reconnaître que j'en fais. #jaimalamonorgueil **• Voir les choses de manière constructive.** Qu'est-ce que j'ai appris de mon erreur ? Que l'Homme est totalement capable de faire un biberon. **• Grandir de cet apprentissage.** L'Homme sait faire un biberon > Lui demander plus souvent de le faire > Gagner du temps de cerveau et de sommeil. CQFD.	***• No blame, no shame.*** On est une équipe, on est là pour se tirer vers le haut donc pas de nananère, pas de chemin de la honte... **• Se remettre en cause.** Si Mary Poppins s'est plantée, c'est peut-être parce qu'elle a trop à faire, à gérer. Alors j'en fais un peu plus pour la soulager. Même si elle veut tout contrôler. **• Être proactif.** Pas besoin d'attendre qu'elle demande, j'identifie les tâches que je maîtrise et je fais !

HEU C'EST QUOI

le mot

MAGIQUE ?

Vous rentrez à la maison lessivé(e) et miraculeusement votre + 1 a trouvé le moyen de s'occuper de tous les trucs relous en « é » (dîner préparé, bébé lavé, lave-vaisselle vidé). Votre réaction ?

- A Vous annulez votre voyage à Lourdes : plus besoin de miracle, il a eu lieu.
- B Vous vous demandez ce qu'il/elle a à se faire pardonner.
- C Vous lui demandez s'il/elle a avancé sur les autres corvées.
- D Aucune des réponses ci-dessus.

SON DÉBRIEFING à LUI

J'ai pas dit merci ?

Un enfant est un don de la nature/du ciel/de la science… Oui, c'est sûr. Mais soyons honnêtes : il représente aussi un bon gros paquet de contraintes à gérer et son arrivée fait que le nombre de corvées à la maison s'accroît de manière exponentielle. La preuve en deux équations :

FIG. 1 avant

$$\text{Équilibre du couple} = \frac{\left(\text{amour réciproque} \times \text{sexe frénétique}\right)}{\text{gestion de la routine}}$$

↳ Il est donc possible, à deux, de réduire le dénominateur (partage des tâches, femme de ménage…)

↳ ou d'accroître le numérateur (sexe ENCORE PLUS frénétique) pour (re)trouver une harmonie dans le couple.

FIG. 2 après

$$\text{Équilibre de famille} = \frac{\left(\text{amour réciproque} \times \text{sexe moins frénétique}\right) + \text{amour familial}}{\text{gestion de la routine} \times \text{trop}}$$

↳ À trois ou plus, l'équilibre est donc bouleversé ET plus difficile à rétablir car l'enfant fragilise les ressorts de compensation tout en accroissant les charges (mentales ou pas).

Pire encore, avec ses super-pouvoirs, l'enfant sait transformer les moments de plaisir (qui restent) en un chemin de croix sur lequel un sadique aurait déversé des Lego® pour être certain que chaque pas soit douloureux. Pour rendre le quotidien tolérable, voire sympa, il est donc important qu'il y ait non seulement un partage acceptable de la routine, mais aussi une forme de gratitude, d'encouragement réciproque. Et c'est là que la situation est devenue, de notre côté, plus compliquée : avec la fatigue, on a eu tendance à faire passer à la trappe les petits mercis de tous les jours, ceux qu'on offre pour une attention, pour un petit geste ou même pour encourager l'autre d'avoir essayé de faire quelque chose pour notre petite communauté.

EXEMPLE 1 Retour à l'épisode du spa islandais avec masseuses suédoises et chai indien. Lorsque après une première expérience où je me suis retrouvé seul face à l'enfant, V. est rentrée et a dit « Tu l'as encore endormie devant Diablo ? », l'équilibre de notre couple a pris du plomb dans l'aile. Difficile dans ces conditions de trouver de la motivation pour la suite.

EXEMPLE 2 Stressé par le travail, je suis rentré tard un soir et en entrant dans la cuisine, j'ai trouvé trois bols dans l'évier et prononcé cette phrase malheureuse « Punaise, tu pourrais les mettre directement dans la machine ! ». En neuf mots, j'ai aussi détruit cet équilibre, oubliant que V. avait : 1) géré l'enfant toute la journée, 2) rangé l'appartement, 3) pris une douche* et 4) utilisé les trois bols pour me faire un repas délicatement posé sur la table. Merci… et pardon.

Depuis, j'essaie de penser à dire merci quand V. va chercher E. à la crèche et je me sens fier quand elle me dit « Pas mal le changement de couche ! ». Ça ne remplace pas le sexe torride… Mais ça rend quand même le quotidien plus doux.

* Note de la coauteure : et s'était lavé les cheveux et même rasé les mollets ! Non, mais rasé les mollets, mec ! Note l'effort !

SON DÉBRIEFING à ELLE

Heu, j'ai quand même dit deux fois merci ce mois-ci !

En matière de bonnes manières, l'Homme et moi, on est foncièrement pareils : on est des Asperger du merci, des obsédés du *Dankeschön*, des maniaques du *kiitos**. Résultat : depuis qu'on roucoule ensemble, on a mis un point d'honneur à toujours être l'un envers l'autre d'une politesse qui ferait passer Nadine de Rothschild pour une star de telenovela brésilienne. En beaucoup trop d'années pour avouer combien, il n'y a pas une fois où on ne s'est pas dit merci pour l'invitation au resto, pour la porte tenue ouverte, pour le paquet de pâtes et la sauce bolo lancés le dimanche soir en désespoir de cause, pour avoir pensé à noter le PQ sur la liste même si on a finalement oublié d'en racheter. Et loin d'être automatique, chaque merci était, en lui-même une petite marque de gratitude, un rappel que l'un et l'autre nous étions conscients du bonheur que nous devions l'un à l'autre. Bref, on était un peu les Harry et Meghan de la gratitude (royaux, mais en moins #boring).

La gratitude : *of course*, c'est utile !

La gratitude ? Bien sûr, vous connaissez ! Après tout, vous avez dit merci à votre moitié quand elle vous a rappelé que c'était votre tour d'aller au supermarché ! En réalité, la gratitude est plus qu'un remerciement. Elle est une forme de reconnaissance de l'autre et de ce qui nous est donné de vivre grâce à lui/elle. Gnangnan ? Trop perché ? Un peu, mais sachez que faire preuve de gratitude, ce n'est pas que lui faire plaisir, c'est aussi :

- Booster la sécrétion de dopamine et de sérotonine de votre cerveau et donc être plus facilement satisfait(e).
- Favoriser l'optimisme. Éviter de toujours voir la fin du monde partout quand on a un bébé, c'est toujours utile.
- Renforcer votre relation avec votre + 1. Et là encore, cela peut être intéressant de ne pas divorcer quand on vient de procréer.

Bref, tentez !

---

* #cultureconfiture : « Merci » en finnois.

Et puis le divin enfant est né et toutes ces années d'efforts ont été balayées, en un clin d'œil, sous le tapis. C'est simple, la joyeuse équation qui nous permettait auparavant d'avoir toujours une balance contraintes/reconnaissance (et plaisir) positive est devenue complètement insoluble sous l'effet de la fatigue et de la gestion du quotidien. Dans le match Routine *vs* Gratitude, le quotidien l'a emporté par KO.

Je dois avouer, pour être complètement honnête, que les mercis ne sont pas passés à la poubelle (uniquement) par omission. J'étais plutôt passée du mode « je t'aime en toute insouciance #cœuraveclesdoigts » au mode « je fais les comptes » et en matière de merci (ou plutôt d'absence de merci), le compte n'y était clairement pas.

Un exemple ? Stressé par le travail, l'Homme est rentré tard un soir et en passant par la cuisine, a trouvé trois malheureux bols dans l'évier. Lui qui était jusque-là aussi maniaque qu'un ado en rut, a fini par prononcer cette phrase malheureuse : « Punaise, tu pourrais les mettre directement dans la machine ! » Là, mon sang n'a fait qu'un tour car :

1. L'Homme n'aurait jamais fait dans notre ancienne vie sans lave-vaisselle ce type de commentaire (peut-être parce qu'il n'aurait pas remarqué les trois nouveaux bols dans l'accumulation d'une semaine de vaisselle dans l'évier, mais c'est un autre sujet).
2. L'accord tacite (vaisselle, toi/linge, moi), qui prévalait depuis de looooooooooongues années partagées – que je commençais à ce stade à regretter – , avait volé soudain en éclats sans aucune contrepartie.
3. Les trois bols n'étaient en réalité que les derniers items d'une très longue liste de tâches réalisées au long d'une journée sans aucune forme de gratitude ou de remerciements. La preuve.

Étape de la journée	*Une preuve de gratitude ? Bien sûr !*	*Un remerciement ? Et quoi encore, tu veux pas 100 balles et un Mars® ?*
- Lever à 5 heures du matin pour espérer prendre une douche.		X
- Lancer la compote et la purée du midi de l'enfant pour la nounou, préparer le sac à langer, espérer ne rien avoir oublié.		X
- Gérer le biberon, le change, l'habillement de l'enfant (déjà) grognon au réveil (y a pas d'âge pour commencer).		X
- Faire 4 km à pied pour déposer l'enfant chez la nounou. Se taper évidemment tous les escaliers avec la poussette, le sac à langer et l'enfant à bout de bras.		X
- Rentrer bosser.		
- S'arrêter au supermarché parce qu'il n'y a plus de lait, plus de couches, plus de PQ au lieu de profiter du duo sacré cantoche/mauvais café de la cafet.		X X
- Récupérer l'enfant, lancer son dîner gastronomique du soir, donner le bain, la changer, la mettre en pyjama.		X
- Lancer une machine et étendre le linge.		
- Trouver une dernière once d'énergie pour lancer un paquet de pâtes, sauce bolo, parce que vraiment, si je fais plus je meurs.		X X
- Reprendre une douche (oui, cela mérite aussi un remerciement pour préservation olfactive du couple).		X
- Laisser traîner trois bols.		X

Faut pas s'étonner ensuite si, LE jour où je prends trois heures pour aller me faire masser par des Suédoises à qui je dis *kiitos* parce que je suis trop fatiguée pour me souvenir que la Scandinavie n'est pas un pays, je suis un peu blasée en retrouvant, à mon retour l'enfant certes endormie, mais devant une partie de Diablo visiblement engagée depuis très, très longtemps. Alors, oui, j'adorerais qu'on se redise merci, je surkifferais qu'on se regarde à nouveau en se disant « ouah, tout cela, je lui dois », mais pour le moment, c'est pas vraiment ça.

CE QU'ON A APPRIS

Accueillir un bébé à la maison, c'est un peu être en période de rush permanent au bureau (le bruit, l'odeur et l'amour en plus) : on est tout le temps le nez dans le guidon et donc on priorise… au point de parfois zapper des petites choses qui, sur le moment, semblent insignifiantes, mais qui, en réalité sont essentielles pour préserver l'équilibre du couple et de la famille. En la matière, il y a évidemment, le sexe, le temps pour soi, les amis, mais aussi les petites attentions comme les mercis et les preuves de gratitude…

Face au manque de mercis, j'essaie de...

• Ne pas oublier qu'il est toujours plus facile de reprocher que de remercier... n'oublie pas, petit scarabée !

• Donner l'exemple. Je veux plus de mercis, peut-être que lui aussi ? Alors, je me lance, j'initie.

• Mettre en place un temps de gratitude tous les jours. Cinq minutes pour nous remercier chacun de ce qu'on a apporté à l'autre aujourd'hui. Si on n'a pas le cœur à le faire à l'oral, le noter dans un cahier.

• Sortir le nez de mon nombril. La journée a été dure, O.K., mais celle de Madame aussi.

• Dire merci à la dame. S'occuper de l'enfant et de la routine n'est pas une prérogative naturelle de V. et NON, elle n'aime pas laver le sol. Alors je vocalise la gratitude : « Merci, mon cœur. »

• Adapter le seuil d'exigence. À trois, il faut s'adapter, accepter plus. Le mug dans l'évier, je me tais et je le range moi-même si cela bouleverse *MON* propre univers.

NAN, MAIS ¿T'AS FAIT ¿ MÉDECINE OU QUOI ?

Chez le pédiatre, votre + 1 explique au médecin que votre bébé a un rhume alors que, vous en êtes convaincu(e), vu ses symptômes, c'est la bronchiolite/Parkinson précoce/la peste bubonique. Comment réagissez-vous ?

Ⓐ « O.K. Google, cherche : symptômes de la bronchiolite » (et fais-le/la enfin taire) !

Ⓑ Vous rongez votre frein cette fois, mais prendrez rendez-vous sans lui/elle la prochaine fois (tout en vous plaignant qu'il/elle n'est jamais là quand il faut) !

Ⓒ Vous ne le/la laissez pas placer un mot : Tu ne sais rien, Jon Sn.../mon chéri !

Ⓓ Aucune des réponses ci-dessus.

J'ai potassé le Vidal, c'est sûr, elle a la gale !

Pendant neuf mois, j'y ai cru : l'incarnation parfaite de nos patrimoines génétiques divisés par deux viendrait au monde en épargnant mon périnée et nous serions, enfin réunis et heureux, fatigués mais insouciants, ravis de pouvoir creuser un peu plus le trou de la Sécu et de participer au réchauffement climatique, mais enfin à trois. Et pendant une demi-seconde (le temps de dire « youpi, pas d'épisiotomie »), ce fut le cas !

Mais dès que l'enfant est sortie (et maman te remercie de l'avoir fait sans t'attarder), j'ai dû me rendre à l'évidence : on m'avait menti. Moi qui pensais être heureuse et béate, j'ai tout de suite été… inquiète ! En attestent ces notes régulières à moi-même :

J + 1 minute après la naissance :

« Pourquoi elle ne crie pas ? Ah, elle crie, mais est-ce qu'elle crie assez fort/assez bien/assez longtemps ? Pourquoi elle ne veut pas arrêter de crier ? Pourquoi elle ne crie plus ? Pourquoi elle ne crie plus pareil ? Mais pourquoioioioioioioioi ? »

J + 1 semaine :

« Pourquoi elle ne fait (toujours) pas caca ? Lolo dit pourtant qu'elle doit faire plusieurs fois par jour "couleur bouton d'or" de préférence, et là ça fait huit jours que je suis en transe au moindre pet… Mais pourquoioioioioioioi ? »

J + 1 mois :

« Elle a 37,9 °C en température (anale, parce qu'il faut toujours le préciser). J'appelle le docteur S. (pédiatre que nous avons miraculeusement trouvée pour notre enfant alors qu'elle était plus convoitée que le dernier iPhone/vaccin contre la prochaine pandémie) ? Nan, à moins de 38 °C, elle va jamais me donner un rendez-vous, mais en même temps ça risque d'empirer au cours de la journée, alors autant mentir pour squatter un de ses créneaux d'urgence. Mais si tout le monde fait comme moi, tous les bébés de la Terre vont mourir dans d'affreuses souffrances, car ceux qui n'avaient pas vraiment besoin d'être soignés auront été pris en charge en priorité. Mais en même temps, c'est mon enfant… Mais pourquoioioioioioioioi c'est si compliqué ? »

Bref, en devenant mère, je suis aussi devenue tellement flippée que j'ai commencé à traquer le moindre symptôme, j'ai appris par cœur les pages enfant de Doctissimo et du Vidal et j'ai ressorti mon Docteur Maboul, parce qu'après tout, on ne sait jamais.

Et puis le jour du dépassement (des 37,9 °C) est malheureusement arrivé. Et évidemment, l'Homme a voulu s'en mêler. Il paraît à ce titre que « c'est aussi mon enfant » est un argument valable… Bref, nous avons fini par aller ensemble chez le docteur S.

— Dr. S. *(accent d'Amérique du Sud)* : *Que tal ?*

— J. *(avec un accent qu'on n'oserait même pas avoir dans* Les Marseillais à Cancún*)* : *Muy bien !* On passait juste vous faire un bisou.

— Moi : Cela fait trois jours qu'elle a 38 °C ou plus. Elle a des suées. Elle commence à tousser, siffle quand elle respire, semble avoir une gêne pour respirer la nuit, a un petit érythème fessier (déjà traité avec la crème qui pue le poisson mort mais qui marche), n'a plus d'appétit (cf. mon cahier récapitulatif des biberons de la semaine ci-joint), a fait six cacas verts en deux jours (cf. mon appli Monitoring de bébé ci-jointe), est complètement neurasthénique (déjà deux heures quatorze qu'elle n'a plus essayé d'attraper Sophie la girafe), et elle semble avoir des démangeaisons ici et ici (voir fig. 22)…

— Dr. S. : Yé vois, elle a oune grosse bronchiolite. Vou avé bien fé de consoulter. On va sourveiller dé près surtout pendant les prémiers yours. Vou allé lui donner dou Doliprane contre la fièvre, faire des lavages dé nez au moins trois fois par your, appliquer les nouvelles consignes dé couchage et la faire boire beaucoup, beaucoup, pour éviter la déshydratacione…

(Quelques moments plus tard, devant la porte de la pédiatre.)

— J. : Tu vois mon cœur, ce n'était pas grand-chose…

— V. : Tu as passé ton temps à minimiser ce qu'elle a dit (et sinon tu savais que selon l'OMS, il y a chaque année 2 534 nourrissons* qui sont hospitalisés suite à des complications respiratoires de la bronchiolite. Non ? Évidemment, t'as pas lu mon mémo !).

— J. : Mais non, j'ai dit qu'elle avait de la temp…

— V. : Ça ne sert à rien que tu viennes !

— J. : Moi, ça m'a fait plaisir d'être avec toi et ça me rassure qu'il n'y ait pas de quoi s'alarmer.

— V. : …

À ce stade de la « conversation », j'avais clairement deux options :

1. Dire en toute honnêteté ce qui me traverse l'esprit (propos évidemment validés par de nombreux faits scientifiques confirmés par Doctissimo et ponctués de quelques insultes bien pensées), puis crier, pleurer, faire la tête, devoir quand même aller à la pharmacie, devoir quand même laver le nez et devoir en plus me préparer mon propre dîner.

2. Jouer la carte de la diplomatie, conserver un peu d'énergie en évitant les cris, la gueule et la bouderie et assurer mon repas du soir.

---

* Chiffres évidemment non vérifiés, sortis de nulle part et employés uniquement à des fins argumentatives d'extrêmement mauvaise foi.

Face à ce type de situation, mes instincts grégaires prennent toujours le dessus. J'ai donc décidé de ronger mon frein afin d'avoir le ventre plein, de le remercier, mais de ne pas oublier de le traiter de canard*.

SON DÉBRIEFING à LUI

Non mais, t'as fait médecine option hypocondrie ?

Posons la scène : nouvelle tirade sur la charge mentale (saison 3, épisode 12) car l'enfant est encore malade et « ça va être à moi de l'emmener chez la pédiatre ». Pourtant, les symptômes sont clairs : l'enfant a 37,8 °C, mais ~~gambade~~ rampe en gazouillant dans toute la maison.

— Mon cœur, elle a 37,8 °C…

— Tu ne prends rien au sérieux !

— Mais si, mais on verra demain matin ce que ça dit, mon petit Hippocrate d'amour.

— Et c'est encore moi qui vais me taper ça…

— Mais non ma Florence Nightingale, je vais poser un RTT et l'emmener.

— Pas moyen que tu y ailles seul, tu vas rien dire comme il faut.

— Alors on y va ensemble mon Albert Schweitzer que j'aime…

— Et voilà, c'est encore moi qui y vais !

Et donc le lendemain matin, c'est en famille que nous emmenons l'enfant proche de l'ébullition (37,8 °C toujours) voir le bon docteur S., notre charmante pédiatre argentine.

* *Op. cit.* pour la formule de politesse !

— Dr. S. *(accent d'Amérique du Sud) : Que tal ?*
— Moi : Elle a un peu de tempéra…
— V. : Elle a l'œil torve, des suées, de petits boutons rouges sous le genou droit, le cheveux terne, la langue sèche et elle n'a mangé que 97 % de sa purée !
— Moi : Et elle a un peu de temp…
— V. : Elle a des démangeaisons ici et ici (voir fig. 22) et…
— Dr. S. : Yé vois, elle a oune pétite bronchiolite. Doliprane, *casa* pendant quelques yours et hop.

(*Quelques moments plus tard, devant la porte de la pédiatre…*)
— Tu vois mon cœur, ce n'est pas grand-chose…
— Tu as passé ton temps à minimiser ce qu'elle a !
— Mais non, j'ai dit qu'elle avait de la temp…
— Ça ne sert à rien que tu viennes !
— Moi, ça m'a fait plaisir d'être avec toi et ça me rassure qu'il n'y ait pas de quoi s'alarmer.
— …
— Qu'y a-t-il ?
— Moi aussi ça m'a fait plaisir que tu viennes, mon chéri. Merci.
— Sinon, je ne savais pas que tu avais fait médecine.
— Tu es vraiment un canard.
— Oui, mais je t'aime.
— Moi aussi, je t'aime. Tiens, l'enfant dort comme une bienheureuse.

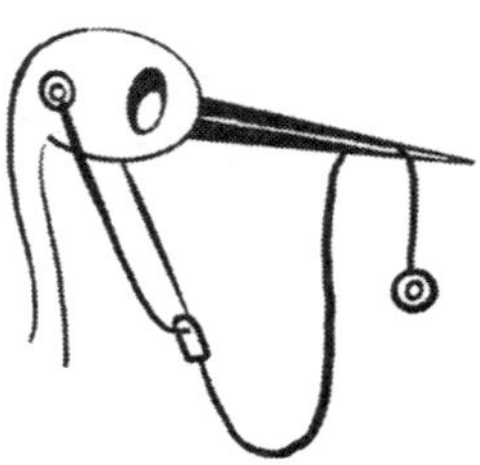

CE QU'ON A APPRIS

Les rendez-vous chez le pédiatre, avant la naissance, cela paraît généralement complètement anodin, au point d'ailleurs où on gagne généralement du temps de cerveau à ne pas y penser. Mais une fois qu'on est parents, on se rend compte rapidement que les 207 consultations avant 3 ans* participent aussi (et pas qu'un peu) à la fameuse charge mentale (qu'on ne présente plus). Reste après à la gérer, à deux idéalement.

Face à la charge mentale, je veille à...

• Ne pas (trop) me la jouer « acte I, scène 8 » (#dramaqueen). O.K., la charge mentale est lourde à porter, mais il faut aussi être prête à la partager. **• Demander de l'aide.** Non, il ne lit pas dans mon esprit. Oui, il est prêt à bouger son popotin si je lui indique mes besoins. **• Reconnaître les efforts de l'autre quand il en fait.** Ce n'est peut-être pas ceux que j'attends, mais au moins, il a le mérite d'en faire.	**• Reconnaître que la charge mentale, ça existe.** Pour les deux, différemment, à divers niveaux. **• ÉCOUTER.** Si Madame dit que tel truc la stresse ou qu'elle est dépassée, on se pose, je l'aide. **• Agir.** Accompagner, proposer de la remplacer, scanner ce qui peut être fait sans qu'elle ait besoin de demander... souvent il suffit de peu pour retrouver un équilibre salvateur.

* Source : 36 mois x 4 consultations hebdomadaires + 48 consultations hivernales + 15 consultations d'urgence (mon bébé est bouché des boyaux/pleure et je capte rien/n'a vomi que trois fois aujourd'hui) = 207 rendez-vous chez le pédiatre.

Tu seras CHEFFE ou DANSEUSE étoile !!

(tout mais pas COMPTABLE) !

Quand vous vous projetez d'ici une vingtaine d'années, vous imaginez votre enfant :

- **A** Neurochirurgien(ne).
- **B** Étoile à l'opéra Garnier/Champion olympique de biathlon.
- **C** De gauche.
- **D** Toutes les réponses ci-dessus.
- **E** Vivant(e), ce sera déjà bien !

Perso, tant qu'elle ne veut pas faire de la téléréalité ou du tuning…

Petite leçon d'hypocrisie socialement admise. Qui n'a pas dit un jour :

— Le plus important, c'est que notre enfant fasse ce dont il a envie et qu'il s'épanouisse.
— Exactement ! Son bonheur avant tout.

En réalité, au fond du coin sombre et honteux de mon cerveau – où sont aussi cachés mon amour véritable pour Zia des *Mystérieuses Cités d'or* et mon goût prononcé pour les Knacki froides trempées dans le Coca –, il y a un mini-moi qui hurle : « Elle fera ce qu'elle veut tant que ce n'est pas [*insérer ici vos haines salutaires pour différents sports, hobbies, engagements politiques, professions*] ».

L'avantage avec V. est que, si nous sommes fondamentalement différents dans le mode de fonctionnement (pour rappel, elle est carrément psycho, je suis *chill*) nous avons à peu de choses près des valeurs proches, façonnées par une éducation assez similaire, un parcours scolaire totalement identique et presque vingt ans de vie commune (même si nous sommes encore extrêmement jeunes*).

Puis, un jour, dans le noir de l'intimité, là où un couple n'a plus de tabous (en gros, devant *Top Chef*), V. a prononcé cette phrase :

« Ce serait bien qu'elle fasse du piano. »

Ô temps ! suspends ton vol… Cette simple phrase ouvrait une brèche cosmique dans laquelle se sont engouffrés sans retenue nos fantasmes projetés.

---

* Précision apportée de manière autoritaire par la coauteure.

— C’est vrai, mon cœur. L’escrime et les échecs, c’est bien aussi [*notez qu’on commence soft, juste avec les activités*].
— Ça fera beaucoup avec la danse et le solfège en plus.
— C’est vrai, surtout qu’en classe prépa on a beaucoup de boulot [*glissement activités → éducation*].
— Il n’y a pas besoin de prépa pour faire médecine, tu sais…
— …
— Ou danseuse étoile.
— … oui, tant qu’elle est ouverte d’esprit, curieuse, fière d’elle-même et qu’elle ne fait pas de la téléréalité en votant [*insérer parti politique X*] [*glissement type triple axel dans le caniveau*].

Bref, en deux minutes, on a réussi à enfoncer toutes les portes ouvertes, cocher toutes les cases des poncifs de la reproduction sociale (cœur avec les doigts, Bourdieu). V. et moi nous sommes regardés un peu honteux, comme après un lendemain de cuite au Malibu. Un silence gêné s’est installé parce que ce petit coin de cerveau, on en a tous un peu honte, quand même.
— Ho dis donc, tu as vu ces cromesquis aubergine-pigeon-parmesan-salami ?
— Ça a l’air bon. Je ne serais pas contre le fait qu’elle devienne cheffe…
— Si elle a envie, oui. Mais c’est dur à concilier avec le conservatoire.
— …

Avec V. on a les mêmes valeurs, mais on a surtout le même coin d’ombre bien snob dans le cerveau.

Nan, mais attends, on n'a pas parlé de Freinet, Filliozat et experts en « F » !

L'avantage avec l'Homme, c'est qu'on est, à peu de choses près, pareils. Hormis notre fonctionnement (pour rappel, je suis organisée et il fait passer son anarchie pour de la coolitude), nous avons la même éducation, les mêmes valeurs, les mêmes envies, ce qui signifie que même si le quotidien est souvent une prise de tête mal dissimulée, les projets de vie sont #ultraeasy.

Et puis, l'enfant est née et d'un coup, nos attentes, nos ambitions pour lui, tout a commencé à se mélanger... dans ma tête du moins.

Petit retour en arrière. Un soir, au détour d'une recette de cromesquis qui faisait grossir rien qu'à la regarder sur *Top Chef*, j'ai suggéré à l'Homme que notre progéniture pourrait être la prochaine Beethoven si on la mettait rapidement au piano. De là, est évidemment partie l'habituelle discussion sur ce que pourrait être notre enfant rêvée quand elle aurait fini de régurgiter et qu'elle serait en mesure de contrôler ses sphincters. Bien sûr, elle pourrait faire de la danse classique, du solfège, de l'escrime, de l'équitation, tout cela cumulé avec une classe prépa, la fac de médecine et idéalement un prix Pulitzer ou une médaille Fields (celle que sa mère n'aura jamais). À mes yeux, rien de neuf sous le soleil. Après tout, j'avais déjà pré-élevé mon enfant avec mes poupées (Sarah, Jessica, et Samantha) à l'âge de 8 ans et pour moi, la reproduction sociale est plutôt normale : quel parent ne veut pas que son enfant soit un peu de lui-même en mieux ? Jules, lui, semblait moins bien vivre la situation, comme s'il y avait là quelque chose de honteux. Je ne me suis pas formalisée : il a toujours eu une relation un peu ambiguë avec Bourdieu.

Non, de mon côté, tout allait bien, jusqu'au moment de l'épreuve éliminatoire autour du thème « sublimer l'œuf en lui apportant du croquant gourmand ». C'est là que mon petit dialogue intérieur a (re)commencé... Mon constat : Peut-être qu'en réalité, mes ambitions n'étaient pas assez élevées, peut-être qu'il fallait que j'en fasse plus tout de suite, là, maintenant, pour qu'elle ne finisse pas comptable.

Moi 1 : *Faudra aussi penser aux vêtements et jouets non genrés, hein ? Parce que l'hypersexualisation des petites filles, c'est pas possible. Tu veux pas en faire une Little Miss Pouffe qui se fait sécher les ongles à 4 ans en faisant du* cheerleading. *Y avait un article dans* Marie Claire *l'autre jour là-dessus... Effrayant ! Non, on mise sur la marinière pendant trois ans, on remplace la lecture de* Camille la chenille *par les poèmes de Maya Angelou et elle devrait être dans les starting-blocks pour devenir le premier prix Nobel de féminisme.*

Moi 2 : *Ah et tu n'oublieras pas de te former à l'éducation bienveillante, à la discipline positive, au langage des signes pour bébé et à acheter tous les livres d'Isabelle Filliozat parce que mine de rien, Lolo, elle est un peu périmée. Si tu veux qu'elle soit forte et autonome, faut bosser sa sécurité affective, là.*

Moi 1 : *Au fait, t'as pensé aux préinscriptions très précoces à l'école Montessori-Freinet du quartier chicos qui est à 23 km de chez toi ? Parce qu'il paraît qu'il y a une liste d'attente de trois ans et que tu ne peux pas entrer si tu n'es pas pistonnée par la femme du dentiste qui est aussi présidente de l'association des parents d'élèves de très petite section de maternelle (note pour plus tard : devenir la nouvelle BFF de la femme du dentiste qui n'a visiblement rien d'autre à faire de mieux dans la vie que d'être déléguée des parents de petits morveux). Tu le sais : pour qu'elle soit créative, ouverte et respectueuse des autres, y a que ça qui peut marcher, hein ?*

Moi 2 : *Et les légumes que t'as achetés pour sa purée, là ? Ils sont bio, locaux, de saison et cueillis en fonction des cycles lunaires et menstruels de la productrice qui les a plantés ? Comment ça tu peux pas vérifier ? Tu veux pas le meilleur pour ton enfant, c'est ça ? T'as pas lu le dernier opus du gynéco-jardinier* Ces légumes qui tuent nos bébés *? Comment ça tu peux pas savoir si c'est une femme qui les a plantés ? Franchement, t'as intérêt à te renseigner parce qu'il y a que ça qui marche pour son développement neuronal. Et sans légumes bio plantés avec la Lune, pas de médaille Fields.*

Moi 1 : *Au fait, tu pourrais être un peu plus assidue aux ateliers de portage-massage-bébé nageur-éveil musical-discussions philosophiques maman-enfant. T'as bien vu que sur* Magicmaman, *ils disaient que si on stimulait pas ses neurones avant l'âge de 13 mois et 12 jours, elle était perdue pour l'humanité.*

Moi 2 : *Sérieux ? Tu penses vraiment à la sevrer ? Rien à faire que t'aies un abcès au sein de la taille d'un ballon de rugby parce que l'allaitement ne marche pas bien ! Tu sais que l'OMS préconise le nichon jusqu'à 6 mois révolus et qu'en réalité, c'est ton enfant qui doit demander (dans son français parfait de quand elle saura parler) à arrêter ! Souffre et tais-toi... Franchement, t'as plus que onze ans à tirer.* Et puis, *tu sais bien que nichonner ça permet de développer ses zones cérébrales du langage, des émotions et du contrôle psychomoteur. T'as pas envie qu'elle soit intelligente ? C'est ça ?*

Moi 1 : *Wahou, un œuf de cane du Vercors ! Il va gagner celui-là ! Obligé.*

Top Chef n'était pas terminé que j'étais déjà en train de verser toutes les larmes de mon corps. L'Homme a trouvé ma réaction un peu exagérée, parce que bon, il était sympa ce candidat, mais quand même, son œuf de cane du Vercors aux pralines roses ne valait pas celui de la recette « Qui de l'œuf ou la poule » de son adversaire. Ce soir-là, j'étais contente que ma position naturelle pour dormir soit la PLS. Au moins, j'ai pu pleurer tranquillou-billou.

CE QU'ON A APPRIS

Des rêves, on en a évidemment pour notre enfant. Et franchement, il n'y a pas de honte à cela tant qu'on ne le névrose pas en l'élevant en mode *tiger* parents. Par contre, dans cette grande histoire de valeurs, d'ambitions et de projections, il faut savoir identifier ce qui nous tient vraiment à cœur, relève de nos envies… et ce qui vient des injonctions (des magazines, des réseaux sociaux, de la société et finalement de tout ce qui peut nous influencer) à être le parent parfait en accord avec les tendances du moment. Parce que le hashtag qui *trende* en ce moment, c'est peut-être pour les autres parents. Mais il ne reflète pas obligatoirement qui on est nous et ce que nous voulons pour notre enfant.

Face aux injonctions de perfection, je m'attelle à…

• Arrêter de me mettre la pression. C'est pas parce que je n'ai allaité « que » trois mois ou que je n'ai pas lu Filliozat que j'ai tout raté. **• Remettre un peu en perspective « la parentalité parfaite ».** O.K., cette momfluenceuse elle masse son bébé en lui récitant Kant et en lui apprenant le dos crawlé. Mais peut-être qu'elle est comptable… (#comptablemoijamais) **• Déconnecter.** J'arrête de lire (des bibles de puériculture), je déprogramme mes alertes, je suspends mes abonnements. Ma parentalité, c'est entre moi et mon bébé (et parfois l'Homme, le pédiatre et ma mère).	**• J'irai au bout de mes rêves*** Ouais, des miens, mais je laisse l'enfant/l'autre avoir les siens. **• En parler quand même.** Parce que ça permet de voir qu'on est raccord ou de crever des abcès. **• Prendre le temps.** Non, à 6 mois, il n'est pas nécessaire de planifier la vie du bambin et ce ne sera sans doute jamais le cas.

* ♫ Où la raison s'achève, tout au bout de mes rêêêves ♫
Millénial ? > YouTube > Jean-Jacques Goldman (ou demande à ta mère).

C'EST LA CAROTTE qui fait DÉBORDER LE VASE, là !

En cas de stress cumulé à une fatigue aiguë, le bon comportement consiste à :

- **A** Pourrir la première personne qui passe à portée de voix.
- **B** Se rouler en boule en suçant son pouce pour que l'autre s'apitoie.
- **C** Aller faire un marathon en maudissant la Terre entière (et avoir un point de côté au bout de 500 mètres).
- **D** Rappeler à sa moitié « Dis donc, tu sais que les endorphines soignent tout ? » (et se voir asséner un refus catégorique à sa demande de câlin mal dissimulée).

SON DÉBRIEFING à LUI

Il suffiraaaa d'une étincelle*...

Dans les bandes dessinées, c'est facile de repérer la mauvaise humeur. Le personnage a des tourbillons noirs/petits nuages pleins d'éclairs au-dessus de la tête, c'est limpide. Dans la vie – la vraie –, c'est plus compliqué. Mais il y a ce jour où l'accumulation de micro-événements fait tout voir en noir. Et c'est là qu'arrive la crise de trop...

C'était un mercredi soir. Les deux premiers jours de la semaine avaient été durs : charge de boulot élevée pour tous les deux, nuits pourries (comme d'hab), temps maussade... À la limite du film des frères Dardenne, sans la dimension sociale.

Le moral dans les chaussettes, la patience à bout, il a suffi d'une étincelle, d'un rien, d'un geste (RIP Johnny) pour qu'une soirée qui devait finir autour d'un programme Netflix sympa parte en sucette. L'étincelle faisait 80 centimètres, pesait 12 kilos et nous rappelait tous les jours que (#spoileralert) les *terrible two* pouvaient commencer bien avant 2 ans. Sans doute encouragée par notre grise mine, elle a refusé de manger une carotte un peu trop vigoureusement. V. a crié, j'ai crié, l'enfant a crié, nous avons tous crié – plus sûr dans quel ordre. C'était bien elle, la crise de trop.

— T'es content ?

— Tu ne tirerais pas la gueule comme ça, elle serait moins tendue !

— Facile à dire quand on a passé deux jours à 5 000 bornes dans un hôtel de luxe !

— Tu crois que ça me fait plaisir ?

— On se demande...

— Va mettre les doigts dans une prise !

* ♫ Millénial : YouTube > Johnny Hallyday (ou demande à ton père). ♫

Au fond de moi, j'avais juste envie de lui dire : « On arrête, ça ne sert à rien je t'aime, je veux qu'on fasse la paix. Nous deux, on doit être un refuge, pas une tranchée. » Mais ça ne sortait pas. Et V. a pleuré. Et la petite a pleuré… Mais comme souvent, l'étincelle a aussi été la solution :

— E. : Ma ? Pa ? Bisous !

— Nous : ...

Un câlin de famille et on oublie tout.

SON DÉBRIEFING à ELLE

Fais gaffe, je tiens les comptes !

Il y a des jours comme ça où avant même d'avoir fait trois pas, on sent que ça ne va pas le faire, qu'il faudrait qu'on retourne au lit direct pour éviter :

↳ D'arracher la tête à quelqu'un en mode *Walking Dead*.

↳ De pleurer toutes les larmes de son corps au point d'être tellement déshydratée qu'on souhaiterait soi-même une fin à la *Walking Dead* car elle serait forcément moins pénible.

Pour l'Homme, ces jours n'existent pas, ou presque pas. Pour moi, ils surviennent :

↳ Quand c'est pas le bon moment du mois.

↳ Quand il ne reste plus de lait pour mon 12e café du matin.

↳ Quand il ne reste plus de chocolat, même dans le tiroir secret des urgences (quel que soit le moment de la journée).

↳ Quand l'Homme a marqué PQ sur la liste de courses, qu'il a oublié d'en racheter et que j'arrive à ce constat au mauvais moment, au mauvais endroit.

↳ Quand l'enfant se met en colère.

Soit, depuis qu'on est parents et que l'enfant a dépassé le stade sympa des seize premiers mois, quasiment tous les jours, généralement au détour d'une carotte dont la tête ne lui revient pas ou d'un biscuit qu'on a osé lui tendre malgré son petit coin cassé.

Flashback : Dîner avec l'enfant du démon. Pas de bol, la carotte n'est pas à son goût pour une raison obscure. Assiette qui vole, hurlement de l'enfant.

Dans ma tête, c'est la cohue :

Moi 1 : Je vais la tuer !

Moi 2 : Tu peux pas, c'est ton enfant !

Moi 1 : T'es sûre ? Parce que c'est quand même drôlement tentant !

Moi 3 *(oui, on est beaucoup plus nombreuses quand c'est une période de crise)* : Nan, mais c'est pas possible, elle peut pas réagir comme ça ! C'est une carotte, quoi !

Moi 4 : Oh là là là, j'ai encore tout raté, moi qui pensais avoir coupé la carotte en biais de droite à gauche et l'avoir positionnée en quinconce dans l'assiette juste au-dessus du poulet comme il fallait.

Moi 1 : *(Pulsion de haine, envie de meurtre).*

Moi 2 : Mais c'est pas normal de réagir comme ça ! T'es censée l'aimer à tout instant, inconditionnellement.

Moi 3 : *(Alerte, alerte, agression émotionnelle. Activation des neurones miroirs. Ordre au cerveau : Pourris-la !)*

Moi 4 Mais arrête, ce n'est qu'un bébé, elle n'a pas d'autre moyen de s'exprimer. Reprends le Lolo volume 2 page 236 et active le mode écoute empathique.

Inutile de faire durer le suspense : dans ces situations, c'est toujours mes moi 1 et 3 qui gagnent haut la main. Fin du dialogue avec moi-même. Il est temps de retourner à la cuisine et de s'offrir une petite engueulade improvisée avec invitation à s'euthanasier par prise électrique interposée.

Au fond, j'avais juste envie de lui dire : « Mais aide-moi, tu ne comprends pas : tout m'échappe, je ne contrôle plus rien, je ne sais pas quoi faire, je suis démunie, dépassée, perdue, au bout de ma vie. Je n'y arrive pas. » Mais ça ne sortait pas. Et j'ai pleuré. Et la petite a pleuré… Mais comme souvent, c'est elle qui a fini par avoir le dernier mot (notons au passage que l'enfant a beaucoup, beaucoup, beaucoup parlé, très, très, très tôt).

— E. : Ma ? Pa ? Bisou !

— Nous : …

Un câlin de famille et on oublie tout.

Coup de gueule empathique aux parents que vous serez dans quinze jours ou plus…

La sage-femme vous l'a asséné, la pédiatre vous l'a répété, et même votre mère s'y est peut-être laissée aller…. C'est le fameux « Vous savez madame, votre bébé est une éponge… » sous-entendu « votre bébé absorbe toutes vos émotions ». O.K. meuf/maman : je suis prête à entendre que mon enfant peut être affecté par mes humeurs. Après tout, c'était déjà le cas du caniche avec l'Homme quand il a perdu ses Warhammer. Mais, derrière ces quelques mots pleins de bon sens, il faut quand même arrêter de culpabiliser les parents… Parce que oui, « ton enfant est une Spontex en plus mignon », ça veut aussi dire ne sois pas triste/énervée/frustrée quand tu es avec lui, ça ne va faire qu'empirer les choses ! Sauf que le parent, quand il ne peut pas faire autrement, il fait comment ? Quand j'ai fait ma dépression post-partum et que la sage-femme m'a dit « Tututut, enfant éponge », j'étais censée faire quoi ? Sourire ? Quand je me suis retrouvée toute seule à la maison, douze heures par jour avec une enfant qui ne supportait pas qu'on la sorte du porte-bébé, je devais réagir comment ? Faire style « Je vais bien, tout va bien » ? Non ! Les parents aussi ont le droit d'avoir des moments de tristesse, de détresse ou de gros stress. Et ça ne les aide pas à gérer que de leur dire que leur mini-Sopalin est en train de tout absorber. Messieurs-dames, à vos bons mots !

CE QU'ON A APPRIS

S'il y a bien une chose qu'on n'attendait pas avant de devenir parents, c'est de se sentir si souvent débordés, désarmés, voire carrément désœuvrés face à notre enfant. Pas question ici de pourrir l'ambiance, mais seulement d'admettre une vérité qu'on cache souvent sous un vernis de famille Cyrillus : être parents, c'est super galère. Et une fois qu'on l'a admis, qu'on a arrêté de se comparer aux autres géniteurs (qui ont toujours l'air de se débrouiller tellement mieux que nous), on peut enfin lâcher prise, arrêter d'essayer de faire en sorte que tout soit parfait, tout le temps. Ce ne sera jamais le cas, la vie de famille débordera, on s'énervera, on s'engueulera. L'essentiel est de le savoir et de comprendre que même si c'est dur, les petits bonheurs finissent toujours par faire oublier les tsunamis émotionnels.

Quand ça déborde, j'essaie de…

• Éviter la contagion. Je sais que la colère de l'enfant démultiplie la mienne. Je me mets à l'écart et je souffle (pour commencer). **• Déléguer.** Trop c'est trop ? Je vais craquer ? L'Homme peut le comprendre et peut prendre le relais. Faut juste l'admettre. **• Ne pas me torturer.** La colère de l'enfant, ce n'est pas contre moi. C'est l'expression d'une frustration. Je l'accepte et j'arrête de surréagir. **• Admettre qu'on ne peut pas être parfaits.** On est dépassés, on a l'impression de ne rien gérer. C'est normal et cela arrive à tous les parents. No culpabilité !	**• Confiner le stress.** Plus encore que le Covid-19, le stress et la colère sont contagieux. On isole le patient 0, on met la main/le coude/le pied devant la bouche et on garde ses microbes pour soi. **• Ne pas se tromper de cible.** La colère, la fatigue, brouillent le jugement. Je me calme, j'identifie l'origine du mal et je traite chirurgicalement. **• Partager.** Je suis à bout ? Elle aussi à n'en pas douter. En parler et positiver, à tête reposée, une fois la crise passée, permet d'avoir un effet de catharsis.

CONCLUSION

Voilà presque cinq ans que notre divine enfant du démon est née… Autant dire qu'on est presque des vieux routiers de la parentalité ! Ce petit recul que nous avons désormais sur nos premiers mois à trois nous a permis d'arriver aujourd'hui à un constat : fonder une famille, c'est un peu comme vivre un épisode de *Star Wars*, à savoir, c'est assez épique, à condition qu'on accepte que les premiers épisodes ne sont pas forcément les meilleurs.

✶ **Apprendre à accepter,** c'est sûrement la plus grande qualité qu'on a acquise en passant d'une vie tranquille à deux à un équilibre souvent un peu hasardeux à trois :

✶ **Accepter que non,** ce n'est pas forcément l'amour (fou) au premier regard pour son enfant (contrairement à Jeanne et Serge et leur coup de foudre au match de volley-ball*), mais que l'affection, puis la passion pour son petit viennent aussi avec le temps, le repos et la découverte de l'autre.

✶ **Accepter que non,** tout ce qui est de bon ton en termes de parentalité, du portage à l'allaitement en passant par le placenta en gélules, n'est pas forcément fait pour soi et que ne pas être entré dans le moule des diktats du *parenting*, le culte

* ♫ Millénial > YouTube > recherche : Jeanne et Serge. Vous êtes plus vieux ? Cœur avec les doigts ! ♫

de la parentalité positivement bienveillante ou les *yoga pants* des momfluenceuses, ce n'est pas grave. Culpabiliser parce qu'on est différents, c'est juste une perte de temps.

✳ **Accepter que non,** même si on a tout vu, tout lu, comme une Mme Bovary 2.0, on ne peut pas être parfaits tout le temps. Il y a toujours des fiascos, des taches, des débordements (de couche et/ou d'émotions). Être parents, c'est se planter, recommencer, se ramasser encore, serrer les dents et y arriver peut-être un jour et encore jamais aussi « bien » que dans le tuto YouTube. En réalité, on est seuls à se mettre la pression pour être un Uber-parent, l'enfant, lui, il dit juste « ghiii » (ou plus tard « enco »). Bref, il se satisfait très bien d'un père et d'une mère (ou autre configuration familiale, évidemment) qui se trouvent très moyens !

Le corollaire, c'est **accepter que oui,** on a chacun nos failles, nos limites et que ce n'est pas grave. Ce sont aussi elles qui nous permettent de nous découvrir sous un nouveau jour, même après des années de vie à deux (même si, rappelons-le à qui n'aurait pas lu ces pages sérieusement, nous sommes *extrêmement* jeunes). Ce sont elles qui nous permettent, une fois qu'on a bien voulu les admettre, de grandir, de devenir nous en mieux, en même temps que notre petite demi-déesse.

Alors, on ne va pas se leurrer, accepter… c'est compliqué ! Cela demande du temps, une certaine capacité à se remettre en question ou d'admettre que son + 1, à défaut d'avoir raison, a quand même du bon. Mais en attendant de faire ce cheminement, il y a des solutions : parler de ses peurs, arrêter de faire son/sa *warrior* et de tout vouloir faire seul(e), laisser sa place à l'autre pour pouvoir travailler en équipe, se donner du temps (et un coup de main)… Et petit à petit, le poussin se sentira bien dans son nid créé par des parents poulets, certes imparfaits mais en phase avec eux-mêmes, leurs envies, leurs valeurs.

Et mine de rien, savoir accepter aujourd'hui, c'est aussi se donner un sacré coup de pouce pour demain. Parce que dans quelques années, il faudra accepter :

* Qu'elle n'est plus un bébé. Aaaah, la douleur cinglante du premier « c'est bon, maman, je sais m'habiller toute seule ». #roulementdyeuxdepréadode4ans
* Qu'on continue à se planter. Aaaaah, le bon *fail* parental quand l'inscription dans l'école Montessori-Freinet de la hype s'est soldée par le constat que toute la bienveillance du monde ne remplace pas des toilettes fonctionnelles*
* Qu'on découvre tous les jours de nouvelles limites. Aaaah, cette patience mise à rude épreuve quand pour la 12e fois de la journée on essaie d'évacuer le trop-plein de café seul(e), mais que les toilettes deviennent soudain le seul endroit de la maison où l'on peut confier un secret d'État toujours extrêmement urgent (Justine c'est plus ma copine, j'ai trouvé une crotte de nez/un scarabée alors je l'ai mangé(e); je m'ennuie/je sais pas quoi faire).

Bref, ça vaut le coup de s'accrocher, parce que même si les premiers épisodes sont parfois un peu foireux (surtout celui où elle découvre qu'elle est amoureuse de son père #merci œdipe), la saga, elle, reste merveilleuse.

* 1 toilette pour 21 élèves ? Je suis seul à penser que c'est un peu juste ? #wcgate

Chapitre 2

NOUS DEUX DEPUIS QU'ON EST TROIS

Avant de devenir parents, notre confiance en notre couple était aussi gonflée que l'ego de Kanye ou que la brioche Vahiné. À nos yeux, pas de doute : nous allions traverser cette douce étape familiale les doigts dans le nez, tout en restant aussi complices, bienveillants et sexuellement au taquet. Après tout, pour éviter de nous retrouver dans la situation de l'autre couple sur deux, celui qui divorce*, nous avions pris toutes les précautions, à savoir :

✳ **L'accident de pilule,** ou le bébé surprise qui tombe vraiment comme un cheveu sur la soupe mais on finit par se dire « bon, on prend quand même, faudrait pas gâcher ». Zéro souci : nous avions prévu le coup en étant totalement infertiles et incapables d'avoir un enfant à moins d'être 12 à s'y mettre (gynéco, biologiste, sage-femme, stagiaires 1 à 7, etc.), sans le plaisir évidemment...

* Note aux couples déjà divorcés ou en devenir : #smileycœur, bisous d'empathie, on a failli être des vôtres 2 500 fois. On ne l'a finalement peut-être pas été simplement parce qu'on ne s'est jamais mariés... ou parce qu'on n'est pas encore séparés.

* **L'erreur de jeunesse,** ou le bébé arrivé trop tôt en mode « on s'aime tant/on est vraiment trop beaux ensemble depuis quinze jours et si on se reproduisait ? Au pire, on en aura que pour vingt ans ». Là encore, aucun risque pour nous ! Nous avons gentiment fait mijoter notre couple pendant dix ans avant de nous dire que c'était bon, on en avait bien profité, on avait tout essayé (vie à deux, relation à distance, rupture-rabibochage, vacances avec les beaux-parents), on était prêts...

* **L'enfant pansement,** soit le bébé en mode « on n'arrête pas de s'engueuler alors si on profitait de notre réconciliation sur l'oreiller pour rajouter une couche à nos problèmes ». On était soudés, en phase avec nos envies et nos projets de vie, sereins... Franchement, qu'est-ce qui pouvait nous arriver ?

Ce qu'il pouvait nous arriver ? Un bébé justement et force est de constater qu'on peut être un couple aussi solide que Stone et Charden, Hélène et Nicolas, Bébé et Johnny (même si ce n'est qu'un amour de vacances) ou... et...*, devenir parents implique un certain renoncement pour mieux se retrouver.

* Millénial, remplir ici ton couple mythique. Les auteurs ont demandé à Google et n'ont pas trouvé.

Et on redevient nous quand au juste ?

Votre bébé est couché, vous êtes tous les deux épuisés. Que faites-vous ?

- A Netflix & *chill* chacun dans son coin.
- B Smartphone & *chill* chacun dans son coin.
- C Netflix & engueulade, puis chacun dans son coin.
- D Smartphone & prise de bec, puis chacun dans son coin.
- E Vous vous replongez dans *L'Insoutenable Légèreté de l'être.*
- F Aucune des réponses précédentes.

Ha. Tu dors déjà...

NOUS : Pronom personnel désignant un ensemble de personnes dont le locuteur fait partie (in. *Encyclopedia MegaloEgotica,* 1978) ♦ Toi plus moi dans un couple quand on parle d'intimité (in. *Encyclopedia CopulaSexum,* -300 A.D*)* ♦ Pronom peu usité, voire oublié (in. *Encyclopedia PostPartum,* 2015*).*

Je l'ai découvert de front : avec l'arrivée de l'enfant, s'effectue un glissement tant sémantique que réel qui tend à pousser le centre de gravité de la cellule familiale du NOUS couple vers le NOUS famille vers le MOI enfant. Et dans les premiers temps, cela est communément admis comme normal, accepté et acceptable.

Avant l'arrivée de notre enfant adorée, V. et moi avions une complicité très poussée car 1) nous sommes de purs produits de la reproduction sociale et 2) nous aimions cela.

Passer un week-end entier au lit en mode exploration des corps, se retrouver devant *Top Chef* pour choisir les menus du week-end, aller au restaurant à deux au moins une fois par semaine, faire un après-midi cinéma pour oublier la pluie de novembre étaient quelques-unes de nos routines pour oublier que « le temps est assassin et que les méchants c'est pas nous* » (on a les références que l'on peut). Notre couple était donc composé d'un savant équilibre de toi, de moi et de nous.

Et l'enfant est arrivée. Au début, je n'ai pas fait attention. Entre la fatigue, la nouveauté, la fatigue, les obligations, le boulot, la fatigue... le NOUS a changé progressivement jusqu'à ce qu'un soir, paisiblement alités devant nos tablettes respec-

* ♫ Le temps est assassin et emporte avec lui les rires des enfants et les mistrals gagnants... Millénial > YouTube > Recherche : Renaud + *Mistral gagnant* ♫

tives, elle regardant *Blablabla with the Kardashians* et moi un documentaire sur l'impact psychologique de la solitude en milieu urbain (*Batman Begins*), on a entamé une discussion :

— Aurais-tu envie que nous nous fassions un week-end ~~crapuleux~~ romantique dans un hôtel avec spa ?
— Mais E. va s'ennuyer dans un spa !
— Sans l'enfant, mon cœur. Toi, moi... NOUS, comme avant.
— Je peux pas, j'ai rééducation du périnée.
— ...
— C'est une bonne idée, mon chéri, mais là ça va être compliqué, la petite a des gastros à répétition, maman ne peut pas venir avant mai et je ne suis pas épilée.
— ...
— Et j'ai rééducation du périnée.
— O.K..
— Je t'aime, bisou.
— Moi au... tu dors ?

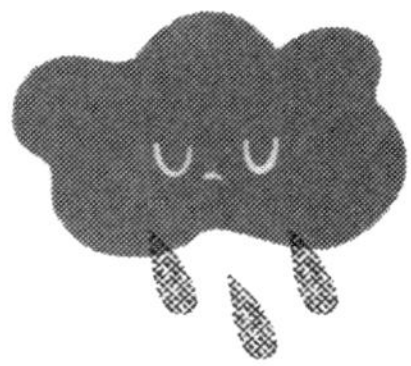

À cet instant précis, roulé en boule dans le lit froid, une peluche lionceau oubliée là par l'enfant bien serrée dans mes bras, j'ai su que NOUS nous perdions un peu de vue. Et puis, on a sorti les rames et repris des habitudes de nous. Pas les mêmes. Mais nous sommes redevenus un peu NOUS. Retrouver *Top Chef*. Faire ces week-ends (moins) improvisés – sieste crapuleuse... On a aussi appris à le préserver un peu ce NOUS. En faisant front ensemble face à l'enfant quand la situation était difficile, quand la fatigue se faisait trop sentir. Et le ON est vachement mieux avec un NOUS dedans.

Je n'ai pas la force pour le moment, mais ça va passer…

Après quelques années d'étude anthropologique intense de « nous », je suis arrivée à une conclusion révolutionnaire (#waitforit…) : le couple, c'est comme un kouign-amann, on doit y mettre beaucoup d'énergie pour le faire (la phase de préparation) et ça en rend encore plus (en calories) quand on le savoure (la phase de dégustation). Explications.

Bien avant l'arrivée de l'enfant, nous avons eu une phase de préparation de « nous » compliquée. Mes insécurités, la tendance de l'Homme à ne pas trop s'engager, mon départ à l'étranger deux mois après notre coming out de couple… Pour trouver les ingrédients qui marchaient pour notre kouign-amann, on a dû se plier en quatre, un peu comme une pâte feuilletée.

Mais une fois qu'on a pris le coup de main, on s'est régalés. Pendant des années, nous en avons grassement profité en mode #YOLO/même pas peur pour le maillot. Restos en amoureux toutes les semaines, abonnement au ciné pour avoir une bonne excuse d'aller voir *N'oublie jamais* ou *(500) jours ensemble*, voire *Dirty Dancing 2* ou *3* (Ben quoi ? On a une carte, on n'a pas payé notre ticket 12 euros), week-ends en amoureux question de nous « retrouver » alors qu'en réalité, on ne faisait que ça à longueur de journée… On était repus et très satisfaits !

Et puis, on a tenté de faire arriver l'enfant et mine de rien, il nous a fallu sacrément mettre la main à la pâte, comme un avant-goût de ce qui nous attendait. Inutile de marcher sur des œufs : à la naissance et dans les quelques mois qui ont suivi, nous avons parfois eu l'impression que notre nouveau

kouign-amann à trois avait un peu un goût amer, comme si les nouveaux ingrédients qu'on y avait ajoutés avaient rendu notre recette parfaite complètement indigeste.

Il faut dire que quand on ajoute une pincée de boulot, une bonne dose de nouvelles obligations, une louche (ou deux ou trois) de fatigue et qu'on retire tout le sucre (les moments à deux, les week-ends en amoureux et en grande partie le sexe), il y a de quoi faire la grimace. Moi, j'étais sûre que cela passerait (peut-être l'unique intérêt de tant d'années de monodiète au chou et de cures de jus de bouleau). Mais l'Homme, lui, était plus inquiet et peut-être plus pressé que moi, comme en atteste une de ces conversations sorties de nulle part, pile au moment où j'entamais tranquillement mon 7e épisode du soir de KUWTK*, convaincue que je ne me ferais pas pincer vu qu'il était absorbé pour la 15e fois dans le 12e épisode de Batman (celui où il met deux heures vingt-deux à grimper à mains nues pour sortir de sa prison-trou).

— Aurais-tu envie que nous nous fassions un week-end ~~crapuleux~~ romantique dans un hôtel avec spa ?

— Mais E. va s'ennuyer dans un spa [*cerveau passant en mode déconnexion de l'enfant, mais pas tout à fait assez rapidement*] !

— Sans l'enfant, mon cœur. Toi, moi… NOUS, comme avant.

Les suites de la conversation sont un peu floues. J'ai le vague souvenir d'avoir oscillé entre l'électroencéphalogramme plat pour cause d'overdose de fatigue et de pointes d'activité cérébrale réactivées par la charge mentale, la perspective d'un retour à la sexualité avec un mollet non épilé et les sessions

* KUWTK = *Keeping Up with the Kardashians* pour les lecteurs vivant sur une autre planète.

de rééducation du périnée. Pourtant, si j'avais eu l'énergie de garder mes yeux ouverts et ma bouche fonctionnelle, j'aurais pu lui expliquer qu'on était repartis en phase préparatoire de notre kouign-amann d'amour, qu'il fallait juste retrouver tous les bons ingrédients nécessaires pour affiner notre recette et prendre le temps de pétrir tout ça avec amour, que quand on aurait bien galéré, on pourrait à nouveau le savourer, voire même qu'on aurait remplacé le vieux goûter breton par une babka parce que c'est tellement plus in et léger. Mais cette énergie, j'ai mis du temps à la retrouver.

CE QU'ON A APPRIS

Il y a quelque chose d'un peu paradoxal dans la parentalité. D'un côté, on est tellement bien ensemble qu'on a envie que notre « nous » évolue, de faire des projets, de partager ce bonheur. Et d'un autre, on s'en mord parfois les doigts quand le changement tant espéré finit par arriver. Pourtant, l'équilibre du couple est forcément amené à évoluer, puisque justement, on n'est plus deux, mais trois (ou plus). C'est pour ça qu'il est inutile de se bercer dans une nostalgie du passé. Accepter que le kouign-amann peut être encore meilleur avec une nouvelle recette, c'est surtout cela la clé pour continuer à en profiter !

Pour accepter le changement…

• **Rassurer ma moitié.** O.K., je suis crevée, mais ses inquiétudes sur nous sont légitimes dès lors qu'il les ressent. Alors, je prends le temps, malgré la fatigue. • **Oublier l'équilibre.** Ce qu'on avait hier, c'était évidemment merveilleux, mais ce ne sera plus possible, pour la simple raison qu'on n'est plus seulement deux. Si on arrive à l'accepter, on trouvera plus rapidement des solutions pour se retrouver. • **Faire des projets à deux, même tout petits.** Avoir une perspective de se retrouver, de profiter, d'être un peu nous comme avant, ça redonne le sourire.	• **Agir vite.** Se dire que ça ira mieux demain ne marche pas. Je me prends en main pour redevenir nous. • **Oublier l'équilibre.** Elle ne voit pas le problème car préoccupée par un million de choses ? Je me bouge de mon côté. • **Se faire violence.** Il est confortable ce dimanche matin en jogging devant *Téléfoot* ? Ouais, c'est moisi aussi… Je sors du canapé et on cultive le NOUS.

QU'EST-CE QUE TU COMPRENDS PAS DANS NO WAY

Vous venez embrasser votre moitié ? Vous vous prenez…

- Ⓐ une brise légère, frisquette, mais pleine d'empathie.
- Ⓑ un bon vent qui ne laisse pas de doute.
- Ⓒ une tempête polaire dans les dents.
- Ⓓ Aucune des réponses ci-dessus.

Comment t'expliquer : mon périnée (et tout ce qui est autour) est un trou noir dont rien ne revient jamais.

En matière de sexualité, Jules et moi avons toujours été aussi alignés que les astres dans les meilleurs horoscopes d'été… Autant dire au taquet, et c'est d'ailleurs sûrement grâce à notre bonne étoile sexuelle qu'on a réussi à se supporter aussi longtemps. Puis, il y a eu la grossesse. Et quand on passe neuf mois (oui, neuf mois) à copiner avec la cuvette de ses WC en temps de nausées, force est de constater qu'on a une libido dont la vacuité approche celle du QI d'une huître (même si j'ai pour elles le plus grand respect).

Bref, avec le début de ma grossesse, mon corps est devenu un véritable trou noir (tu te doutes que si tu essaies de t'en approcher de trop près, tu finiras désintégré), ce qui évidemment n'a pas manqué de laisser l'Homme aussi désemparé qu'à son premier visionnage de *2001 : l'Odyssée de l'espace*, film dont ni lui ni moi n'avons jamais vu l'intérêt*. Après neuf mois d'errance sexuelle, mais de galanterie absolue, l'Homme a donc eu l'espoir de voir la lumière au bout du tunnel, avec la même joie non dissimulée que les astrophysiciens quand ils ont réussi à photographier l'un des fameux trous noirs (encore eux) ! En d'autres mots, personne n'avait été aussi ému depuis que Neil Armstrong avait défloré la Lune de son premier passage humain.

Le hic (parce qu'évidemment il y en a un) : après la naissance, mon périnée et tout ce qui l'entourait ressemblaient peu ou prou à l'univers au moment du big bang, à Fukushima après le tsunami, à Tchernobyl suite à l'explosion de la centrale

* Nos plus plates excuses aux lecteurs cinéphiles.

nucléaire. Bref, à un vaste paysage de désolation couplé à un sentiment diffus de ballonnements et de boursouflure. Autant dire que pendant les semaines après l'arrivée du divin enfant, c'était *NO WAY*, quel que soit le jour, quel que soit le moment !

Petit planning de nos échanges sexuels post-partum :

Lundi	Mardi	Mercredi	Jeudi	Vendredi	Samedi	Dimanche	Et tous les autres jours après
Tu es belle, mon petit cœur…	Tu me plais, mon sucre d'orge…	Tu es délicieuse, ma petite fleur de printemps…	Je t'ai dit que tu étais…	Tu es… NO	Tu… WAY!	… NO	(N'essaie meme plus…)
NO WAY	NO WAY	NO WAY	NO	WAY		WAY	

Et pour ma pauvre moitié qui rongeait son frein depuis presque un an, c'était la goutte d'eau qu'on n'a jamais découverte sur Mars qui a fait déborder le vase. Il a donc fini par mettre les points sérieusement sur les « i », deux mois après l'accouchement environ…

— Ma caille adorée, j'ai réservé une nuit dans un relais château trois étoiles avec spa et organisé de laisser la petite avec ta mère qui sait si bien s'occuper des nouveau-nés qu'elle a sûrement été nounou dans une autre vie. J'ai booké le massage – oui, plus de deux heures, parce que sinon ça ne sert à rien, je sais ! – et le resto étoilé où tu vas pouvoir manger que des trucs légers parce que je sais, tu fais « attention » (même si je te trouve resplendissante et désirable). On va pouvoir se retrouver, ça va être merveilleux.

— Ah super, je vais pouvoir faire la sieste…

— Ah et j'ai oublié de te dire : si on ne fait pas l'amour, je vais finir comme George Clooney dans *Gravity* ou comme *Challenger/Columbia* après le décollage (comprendre vraiment, vraiment mal) !

J'avais deux options : faire preuve de compréhension et de compassion, et surtout lui expliquer pourquoi, pour moi, c'était toujours non, ou aller au clash intergalactique… Autant dire que l'atterrissage a été compliqué !

SON DÉBRIEFING à LUI

T'inquiète bébé, j'ai un compte premium sur Pornhub, mais bon…

V. et moi avons parcouru notre première quinzaine d'années de couple avec le lit comme lieu de connexion, de retrouvailles, d'exploration, de découvertes, de jeu et parfois de repos.

Même si nos appétits sexuels respectifs n'étaient pas alignés en permanence, nous avions une certaine harmonie qui permettait d'avoir, comme conviction partagée, cette équation très simple :

Sexe = jeu réjouissant générant un plaisir à deux

Puis, notre parcours prénatal a commencé et d'une manière très particulière, il allait être une préparation douloureuse au post-partum. Comme expliqué précédemment, le fruit de notre amour a poussé sous serre, hors-sol plutôt que de manière sauvage dans une garrigue bucolique. Pour tous ceux qui sont passés par une PMA, l'équation ci-dessus devient caduque pour se transformer en :

Sexe = moment stressant, planifié et impératif pour tenter de faire se rencontrer un spermatozoïde et un ovocyte

Si l'on simplifie cette formule sans les mots de plus de deux syllabes, elle peut se résumer en :

Sexe = corvée

Puis les neuf mois de « si tu as vraiment envie, je peux te faire des caresses et des bisous mon amour » sont arrivés. Et c'était bien. Mais c'est comme vapoter quand on aime fumer* : C'est sympa, mais au fond ça ne remplace pas. Il manque la fusion, l'étreinte, la passion, la sensation. On arrive doucement vers une nouvelle égalité arithmétique :

Sexe = gentille distraction

Avec tout ma mâle assurance, je me suis toutefois dit que la situation était temporaire, que l'alien allait sortir, les nausées disparaître et le désir revenir avec force et spontanéité... Mais les jours, les semaines, les mois ont passé et avec eux la fatigue et le manque d'intimité se sont invités dans la routine de ce qui était un couple passionné et abonné à *Sextoys Magazine* (c'est important de soutenir la presse et la liberté d'expression).

Notre nouvelle équation post-enfant :

Sexe = comète de Halley

Du coup, en preux chevalier servant voyant le printemps arriver et sentant la sève monter, je me suis dit qu'il était de mon devoir de redonner le goût de la chose à ma moitié : grand-mère en baby-sitter, hôtel-spa, restaurant gastronomique, douceur, volupté et... bon... bah... si un non est toujours un non, parfois un oui est un non aussi. « C'est quoi le code du wi-fi de l'hôtel, mon cœur ? »

* Attention, fumer tue ! Nuit à votre fertilité ! Provoque le cancer, etc.

CE QU'ON A APPRIS

Après la naissance, comme avant d'ailleurs, il n'y a pas vraiment de secret : on n'est ni dans le corps, ni dans la tête, ni dans la libido de l'autre. Du coup, s'il/elle peut comprendre les absences d'envie, il/elle ne peut pas toujours saisir pourquoi. Et c'est là que la machine s'emballe et qu'on finit par se faire des films malheureusement beaucoup moins bons que *Dirty Dancing* : « Il me trouve moche », « Elle n'en a plus rien à faire de moi »…

Sauf qu'en réalité non, elle est peut-être juste crevée et elle a sûrement juste besoin de se rassurer sur le fait que son territoire miné est à nouveau prêt à être exploré. Ajoutez à cela les hormones en ébullition de toutes parts et la fatigue, et c'est le couple qui finit en mode *Soyouz** ! Bref, une seule solution pour se retrouver vraiment : expliquer clairement à sa moitié ses nouveaux besoins.

* À savoir, qui finit par exploser, comme cela a été le cas avec certaines navettes spatiales de l'ex-URSS.

Pour expliquer mes nouveaux besoins, j'essaie de…

• **Lui faire un mémo/lui expliquer rapido.** Ce n'est pas lui dont je n'ai plus envie. J'ai peur/mal/ne suis pas bien dans ma peau (ou tout ça en même temps). • **Lui dire ce que j'attends de lui.** Un peu de patience, de la tendresse qui peut mener progressivement à autre chose… Rien de pire que de le laisser en plan sans porte de sortie. • **Lui suggérer ce que je pourrais faire si j'étais à sa place.** Pas facile, mais cela permet de partager ce que j'aimerais vraiment et de lui donner des pistes de résolution.	• **Ne pas pleurer** (ça fait les yeux rouges). • **Ne pas crier** (ça réveille les voisins qui n'ont pas d'enfants). • **Comprendre…** (et c'est pas gagné). • **Et sinon… patienter ?**

COMMENT ÇA ON A ÉTÉ RELÉGUÉS EN D2 ?

Bilan post-câlin. Force est de constater que la fougue n'est plus la même. Comment réagissez-vous ?

- **A** Je crie au remboursement de l'enfant.
- **B** Je pleure dans mon coin doucement mais sûrement.
- **C** Je mets Tinder en téléchargement.
- **D** Aucune des réponses ci-dessus.

Bon, on n'est plus Ballon d'or, mais c'est pas grave !

Pas pour nous vanter, mais avant que le divin enfant ne naisse, Jules et moi formions une équipe sexuelle bien sympa. En toute humilité, nous étions le Real Madrid/les All Blacks/ l'équipe de Suède de curling de l'intimité, les champions incontestés de la libido, la *team* à battre du coït, les All-Star du Kama-sutra (en toute humilité, je le rappelle) !

Sauf que voilà, la grossesse est arrivée, puis l'enfant après elle, et notre palmarès de Federer du sexe s'est réduit à une peau de chagrin, à de longs moments de solitude que même Ribéry n'a pas dû connaître au pic de l'affaire Zahia. À notre décharge, nous avions des explications tout à fait légitimes à notre relégation en D2, voire en national 23 de la sexualité. Et plus particulièrement :

1. **Une condition physique médiocre.** À raison de quatre heures de sommeil par nuit et d'un surpoids un temps décrit comme « mignon » , il fallait nous rendre à l'évidence, nous ne tenions plus la route. Même le club alpin de l'Ehpad de Palavas-les-Flots était plus en forme que nous. Et qui dit état ectoplasmique, dit forcément *fail* orgasmique.

2. **Du matériel d'entraînement en mauvais état.** C'est simple, on ne peut pas demander à Lance Armstrong de gagner son 257ᵉ Tour de France avec un tricycle Décath acheté sur Leboncoin (et sans drogues, mais ça c'est une autre histoire). Pour nous et en l'occurrence surtout pour moi, c'était pareil : comment finir la course triomphalement quand on a un pneu/ périnée à plat, un obstacle sur le chemin (non, le bide de grossesse ne disparaît pas comme par magie une fois l'enfant sorti. On vous ment. C'est un scandale d'État ! Que fait l'ONU ?) et le

mental d'un confiné à qui on vient d'annoncer que sa livraison Picard est annulée. Non, c'est tout simplement impossible de « performer » avec aussi peu de moyens.

Pourtant, malgré ce constat peu glorieux, j'étais plutôt heureuse de notre nouveau championnat libidineux. Après de longs mois, on se retrouvait enfin. Moins longtemps, moins fréquemment, peut-être même moins intensément qu'avant, mais nous nous retrouvions. Non, ce qui me manquait vraiment c'était la tendresse : les longues heures passées dans le poil/ses bras à regarder *Cauchemar en cuisine*, la session *spooning* du matin qui donnait la force d'aller au bureau, le marathon *Harry Potter* interrompu seulement par le coup de fil du livreur de sushis, car le code a changé. Tous ces petits moments de grâce étaient désormais oubliés au détour d'un 46e biberon, d'une 12e machine à lancer, ou des quelques minutes de libres dont on profitait pour se reposer… Chacun dans son coin !

SON DÉBRIEFING à LUI

On les rechausse quand les crampons ?

« Qu'est-ce qui pourrait sauver l'amour ?
Qu'est-ce qui pourrait sauver l'amour ?
Et comment retrouver le goût de la vie,
Qui pourra remplacer le besoin par l'envie ?»

Haaa, qu'il avait raison le grand Daniel* ! Aucun doute possible : cet homme avait eu un enfant, un fils, une bataille pour comprendre à ce point les bouleversements coïtaux post-partum.

* ♫ Millénial > YouTube > Recherche : Daniel Balavoine ♫

Avant l'enfant, V. et moi avions suivi un concept édicté par mon grand-père (ou mon fromager, j'ai un doute) : « L'amour c'est comme la nourriture, il faut toujours goûter pour savoir ce que l'on aime. » Avec la voracité d'un aiglon sortant du nid, nous croquions les plaisirs de la chair, goûtant ce qui est légalement goûtable.

Et l'enfant est venue.

Durant les neuf mois de grossesse (passés en bonne partie à tenir la queue-de-cheval de V. pour qu'elle ne vomisse pas dessus), j'avais dû ranger ma libido au fond de ma poche avec un mouchoir (PROPRE) dessus.

L'illusion de retrouver dès le lendemain de l'accouchement nos ébats frénétiques (la chair est faible et l'homme en manque est un imbécile fini) a bien vite disparu. Mais petit à petit l'intimité est revenue. Des tentatives d'intimité. Fatigue + odeur de couches + fatigue + « Tiens c'est un sextoy ? ha non, la peluche de E. » + corps changés = c'est bien, mais ce n'est pas comme avant.

La question se pose alors : est-ce que c'est différent mieux/pareil/moins bien ?

✱ Niveau créativité, inventivité ? Nous sommes passés du Bauhaus à Ikea™.

✱ Niveau intensité et fréquence ? Nous sommes passés du feu d'artifice au briquet Bic.

✱ Niveau sentiments et tendresse ? Nous ne faisons plus de sexe, on fait l'amour (de temps en temps).

Un tableau sombre ? Pas exactement car de temps à autre, au détour d'une semaine de vacances où la fatigue s'estompe, l'envie revient. L'envie de retrouver un peu plus de piquant, de mordant. Et ce qui était le quotidien devient l'exceptionnel mais plus intense, plus passionné. Et ces moments-là sont parfaits.

CE QU'ON A APPRIS

À première vue, le constat peut paraître bien triste : en devenant parents, on renonce forcément un peu à sa vie d'avant, que ce soit en termes de socialisation, de sexualité, ou d'autres choses encore. Et cela demande un temps de « deuil » et d'acceptation auquel on se prépare rarement.

Pourtant, ce renoncement n'est pas une fatalité, surtout pour les choses auxquelles on tient. Il a fallu qu'on fasse des choix (le ciné à gogo, c'est *No !*, le resto, ce n'est plus le dernier sélectionné du fooding, mais celui qui autorise de caser la poussette et l'enfant dans un coin), et surtout des petits et parfois grands efforts pour préserver ce qui nous tenait vraiment à cœur. La sexualité oui, mais surtout cette tendresse, véritable bouffée d'oxygène qui est toujours venue alléger nos peines avant et après l'arrivée du bébé.

Pour nous retrouver, même différemment, je tente...

• **D'autres choses (même si elles ne sont pas sexuelles).** Faire de nouvelles expériences ensemble, c'est aussi se retrouver ! • **De nous avouer ce qui nous manque le plus/ce que nous aimerions retrouver !** Peut-être que j'ai une idée toute faite dans ma tête de ce qu'il veut ? • **De prendre soin de moi.** Pour que je puisse être bien dans notre intimité, je dois d'abord être bien avec moi-même, dans mes baskets. • **De surinvestir la complicité.** C'est en commençant par rire bêtement, être tendres, proches, qu'on pourra ensuite passer aux « choses sérieuses ».	• **D'en parler.** C'est différent certes, mais si ce n'est pas satisfaisant, il faut en parler et prendre notre temps. Taire, c'est nourrir du ressentiment, nous perdre. • **D'inventer le sexe 2.0.** Oui, ce n'est plus comme avant, mais on peut trouver de nouvelles idées, de nouveaux moments de douceur. • **De prévoir des poches de respiration.** Un week-end loin de tout, lingerie et apéro comme avant ne peuvent faire que du bien à tout le monde.

T'as vu ses premiers pas ?

Même. Pas.

MAL.

Votre enfant, qui est généralement collé à votre coparent, a choisi le jour où justement il n'était pas là pour faire ses premiers pas. Comment réagissez-vous ?

- **A** Je fais un dab/une danse de la joie (devant ma moitié inconsolable).
- **B** Je minimise l'exploit (O.K., c'est bon, il en fera d'autres, des pas).
- **C** Je ne lui dis pas pour éviter de lui faire de la peine (et j'emporterai le secret dans ma tombe).
- **D** Aucune des réponses précédentes !

L'omerta des premières fois (ratées)

Je suis sans doute l'un des seuls pères sur Terre à avoir dit à son enfant de 10 mois : « Non, NON, NOOOOONN » alors que sa délicieuse enfant se mettait poussivement, mais efficacement sur ses membres postérieurs pour effectuer ses premiers pas.

Comment cela a-t-il pu se produire ? Comment ai-je pu/dû traumatiser un être aussi pur dans de telles circonstances ? Revenons un peu en arrière. Quelques mois après la naissance, V. est partie quelques jours pour des raisons professionnelles (version officielle : je vais voir mon éditrice ; version *off* : je vais me mettre une cuite avec les copines parce que le Pikachu, moi je sature).

J'étais donc seul avec ledit Pikachu pour trois jours. Seul avec Pikachu ET le téléphone solidement accroché à la main car même éloignée, la mère veillait au grain et demandait un rapport détaillé tous les quarts d'heure confirmé par plusieurs prises de vue (bien cadrées, s'il vous plaît). Le deuxième jour, l'enfant a montré des dispositions fort réjouissantes au ramassage de balle, éveillant en moi la nostalgie d'Astuce, mon caniche d'enfance (#soupir). Et là, le drame s'est produit : E. a pris appui sur le canapé, tiré, grogné, poussé sur les genoux et s'est retrouvée debout.

— Ghaaaaaaaaaaa Ghiiii !

— Non… NON… NOOOONNNN !

— Ghiiiiii !

C'est à cet instant précis que le téléphone a sonné pour le rapport de 10 h 45…

Première pensée : « Comment V. va être trop dég' de la vie ! »

Seconde pensée : « Si elle sait qu'elle a raté les premiers pas, elle va se jeter sous le métro ligne 13 après avoir fait Montparnasse-

Garibaldi sur les genoux en guise de chemin de pénitence. »

Bref, la discussion qui s'en est suivie n'a été qu'un vaste mensonge du type : « Ha ha, l'enfant est une limace qui a du mal à ramper ! Tes copines vont bien ? Même celles que je n'aime pas ? Ha ha ha ! » illustré avec des photos 1) du frigo, 2) d'une plante verte et 3) de la fenêtre… La panique.

Ensuite, tel un ivrogne demandant à son chien de « ne pas dire à maman que papa a vomi dans les hortensias », j'ai demandé à E. de « ne pas dire à maman qu'elle avait fait ses premiers pas », avant de reprendre mes esprits et d'admettre que c'était un pieux mensonge.

Conclusion de l'histoire : V. a découvert la supercherie quelques semaines plus tard quand je ne me suis pas assez esbaudi devant sa vidéo des « premiers pas » de la petite à la crèche. Bref, il y a dans un couple avec enfant de petites jalousies à gérer (ou à prévenir). Mais, il reste de bon ton de les mesurer pour soi comme pour l'autre pour éviter la garde alternée !

SON DÉBRIEFING à ELLE

Moi, dans le déni ? Jamais !

Dans notre couple, il y a plusieurs dossiers sensibles qu'on ne déterre jamais, j'ai bien dit JAMAIS. Ainsi, dans notre boîte de Pandore, il y a :

- Nos deux séparations temporaires et les mauvaises cuites qui vont avec.
- Le jour où j'ai dit à mon beau-père qu'il avait le cul bordé de nouilles parce qu'il venait de trouver une place pour se garer dans le Marais en trente-deux secondes. Ce n'est

qu'après un long moment de silence extrêmement gênant que j'ai compris que le propos était peut-être un brin trivial.

- Le jour où l'Homme m'a présenté à ses parents et qu'à l'heure de la grand-messe traditionnelle du Scrabble familial digestif, j'ai triché moins discrètement que je ne le pensais.
- Les premiers pas du divin enfant.

Avant de revenir exceptionnellement sur ce dernier point, il peut être de bon ton de rappeler qu'il y a un débat sémantique entre l'Homme et moi, à savoir qu'entend-on exactement par « premiers pas ».

Si l'on en croit ce bon vieux Larousse, dont la grande sagesse n'est plus à démontrer et à l'école duquel j'ai été élevée, le pas est le « Mouvement par lequel on porte un pied à une certaine distance de l'autre pour marcher ou courir ». Par extension, le premier pas devrait donc logiquement être le mouvement par lequel on porte le pied à ladite distance pour la première fois.

Bizarrement, l'Homme, lui, dans son défi permanent des conventions et de l'autorité (même sémiologique), estime que le premier pas, c'est le moment où l'enfant prend appui sur le canapé, tire, grogne, pousse sur les genoux et se retrouve debout. Sauf, que ce n'est là justement que ça : se mettre debout, même si l'on peut admettre que l'effort est tout à fait louable.

Revenons-en à notre boîte de Pandore. Quand E. a eu 9 ou 10 mois, j'ai dû m'absenter quelques jours pour des raisons professionnelles (et quelques spritz/mojito/moscow mule innocents, qui n'ont, soulignons-le pour ma défense, absolument pas porté préjudice à la qualité de mon travail et à la finesse de mon raisonnement). Bien décidée à laisser l'Homme profiter de ce temps à deux pour faire de notre enfant sa nouvelle #besta, je l'ai donc laissé gérer, ne vérifiant que quatre fois par heure ce qui se tramait à quelques centaines de kilomètres de là.

Et puis le deuxième jour de mon déplacement est arrivé, et quelque chose m'a fait tilter, malgré ma légère ébriété matinale. Pourtant tout avait commencé comme d'ordinaire. L'Homme qui a, pour la photo, le talent d'un nouveau-né atteint de la maladie de Parkinson, m'a envoyé, comme d'hab, une série de clichés du frigo et des plantes vertes avant « de bitcher », comme d'hab, sur mes compagnes d'apéro, puis de conclure, comme d'hab, par une blague totalement sans intérêt sur notre progéniture. Non, il n'y avait rien d'exceptionnel... Si ce n'est, ce petit éclat dans son regard, cette flamme enfantine qui ne s'allume que quand il parle d'Astuce, le feu caniche de son enfance.

J'ai finalement découvert le pot aux roses quelques mois plus tard. À 13 mois, le divin enfant a enfin décidé qu'il était éventuellement temps de faire, doucement, mais sûrement, ses premiers pas (ceux par lesquels on fait un mouvement visant à porter un pied à une certaine distance de l'autre, pas l'autre truc qui permet de se mettre debout)... à la crèche, comme en attestait la vidéo (bien cadrée) des puéricultrices. On les avait donc tous les deux ratés. Pas de jalousie. J'ai transféré à Jules. Et puis, rien, comme en atteste ce pénible échange encore sauvegardé dans la mémoire de mon téléphone et de mon cerveau haineux et rancunier.

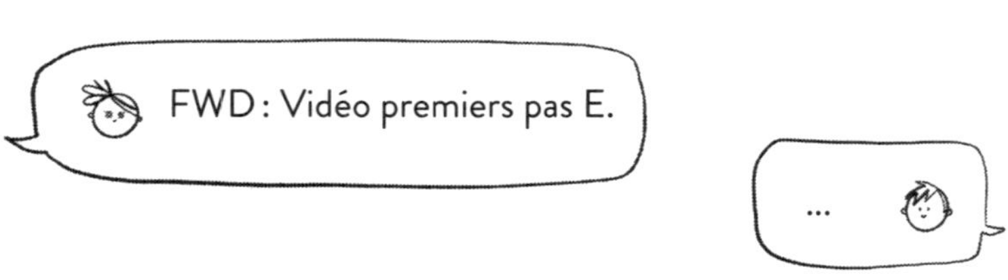

Une fois, le morceau craché, j'avais deux options :

1 Pourrir l'Homme dans une scène tragique que même Racine n'aurait pas imaginée. Lui asséner tous les reproches de la Terre, le condamner pour ne pas avoir su immortaliser ce moment si précieux, tout en ruminant de rage et de jalousie. Probabilité : 80 % (j'avais peut-être quelques antécédents en la matière avec ses premiers « Ghiii », puis son premier mot…).

2 Rester dans le déni : il a fait sept ans d'études, ces questionnaires de QI (débiles) lui annoncent qu'il a 165, mais franchement, il ne sait pas ce qu'est un pas (#tunesaisrienjonsnow). Vite, refermons la boîte de Pandore.

CE QU'ON A APPRIS

En matière de parentalité, prévenir la jalousie, c'est aussi absurde que de faire des crises à sa moitié parce qu'elle a vécu un joli moment avec son bébé. Certes, c'est frustrant, parfois même rageant de passer à côté d'un temps fort de son petit, mais pourquoi mettre son couple à l'épreuve (crise, engueulade, tensions…) pour un événement sur lequel personne n'a de prise ? Pour rien en fait...

Pour éviter la jalousie parentale, j'essaie de...

• Prendre du recul. Faire une crise ne sert à rien. Il n'y est pour rien, il n'aurait pas pu modifier la situation s'il l'avait voulu. Franchement, qu'est-ce que je peux lui reprocher ? **• Essayer de comprendre.** O.K., j'ai le droit d'être frustrée. Mais si je suis jalouse de leurs petits moments à eux, il y a peut-être une insécurité ailleurs. **• Lui expliquer mon ressenti...** Et lui demander le sien. Il a peut-être une autre perspective à me donner sur ce « ratage ».	**• Ménager ce que l'on partage avec Madame ou pas.** Il y a des moments à deux avec l'enfant qui sont faits pour rester ainsi. **• Être strict (un peu).** La jalousie entre parents est sans doute inévitable, mais elle n'en est pas moins difficilement acceptable. **• Partager.** Vous avez vu (par hasard) les premiers pas ? Elle a eu le droit au premier mot, au premier câlin, au premier... Partager sa propre frustration permet d'équilibrer le ressenti.

COMMENT ÇA TU RÂLES ???

Votre moitié vous raconte sa journée (pourrie) au bureau. Comment réagissez-vous ?

- **A** Vous vous mettez en mode « *off* » et vous le/la laissez parler.
- **B** Vous n'écoutez pas.
- **C** Mode comparaison : *ON*. « Hé bah moi… »
- **D** Aucune des réponses ci-dessus.

La double peine (et autres avatars de la charge mentale)

Avec l'arrivée de l'enfant, V. et moi avons décidé de quitter Paris. J'avais trouvé un boulot à Francfort, appelé les déménageurs et nous voguions vers de nouveaux horizons teutons, bras dessus bras dessous. Pour moi, un nouveau boulot avec une équipe importante à gérer et des clients éparpillés entre Genève et le Texas. Pour V. des projets de livres et du temps pour elle ce qui n'était pas arrivé en dix ans de carrière. J'avais réussi à dealer avec mon chef que les six premiers mois seraient en mode cool en raison de l'arrivée prochaine de la *fraulein.* Si l'engagement a été tenu, prendre un nouveau poste dans une nouvelle boîte dans un nouveau pays n'était pas de tout repos et allait naturellement avec son lot de frustrations, de tensions et de stress.

Avant l'accouchement, V. a trouvé ses marques à Francfort et a pu doucettement faire son deuil d'un boulot qu'elle assurait vouloir quitter au plus vite. Je partais tôt lorsqu'elle dormait encore et rentrais le plus vite possible pour être là. Nous profitions alors de la découverte d'une nouvelle ville en nous projetant dans l'après-naissance.

Après la naissance, tout a changé. Et elle me l'a bien fait comprendre *via* WhatsApp :

— Tu es où ?
— Ma chérie, il est 14 h 36, je suis au travail. J'ai une sale journée…
— Moi aussi, au cas où tu en douterais.
— Je suis en réunion.
— Tu vois des gens, toi, au moins.
— [J. *mute* V.]

À 18 h 05, parti sous les blagues des collègues du type « tu as pris ton après-midi », je rentre, fais la cuisine et nous couchons l'enfant avant d'allumer une bougie pour un dîner en amou… Non, je plaisante : on s'étale dans le canapé pour avaler un pad thaï acheté au take-away du coin.

— Tu sais mon cœur, en ce moment mon boss met beaucoup de pression, j'ai X qui veut démissionner et…

— … et moi, j'ai changé 23 couches et elle m'a vomi quatre fois dessus.

— Sinon tu vas rire, avec B on est allés déjeuner et…

— Ne me raconte même pas, ça va m'énerver. Moi j'ai géré E. Mais on a fait du yoga maman-enfant et c'était bien et puis on a fait un tour au parc, les roses étaient sorties.

— *[sanglot viril et discret]*

Eh oui… L'herbe est toujours plus verte à côté. V. bave devant mes journées où je mange devant l'ordinateur en enchaînant les « *conf calls* sur des *creative briefings* » (*bullshit bullshit*) alors que je rêve de passer une journée à promener le landau en regardant les roses éclore.

SON DÉBRIEFING ● ELLE

Comment t'expliquer que ta journée me fait rêver (et que j'ai l'impression que la mienne ne finit jamais).

Avant d'avoir un enfant, je faisais partie de ces gens (et j'ai honte de l'avouer) qui se demandaient ce que pouvaient faire les mères au foyer… Perso, j'enchaînais des journées de boulot de douze heures dans une grande boîte qui vend du rêve, mais en réalité suce toute la vie et l'énergie de ses employés comme les Détraqueurs d'*Harry Potter*, à laquelle s'ajoutaient deux heures de métro et un patron qui n'avait rien à envier à Celui-dont-on-ne-dit-pas-le-nom. Du coup, la perspective de rester à la maison, de m'occuper des plantes, du chat, des enfants (dans cet ordre évidemment) et de regarder les téléfilms de l'aprem de M6 ou les redif de *Buffy* me semblait un bon compromis. Empathie niveau 0.

Et puis, j'ai (enfin on a, pardon) eu un enfant, et l'Homme est reparti au boulot... Et là, j'ai eu envie de sortir et de suivre une mère au foyer en rampant sur les genoux jusqu'au supermarché pour l'implorer de me pardonner. Empathie niveau 250 (un peu forcée, c'est vrai). C'est simple : je n'avais (et n'ai) jamais rien fait d'aussi difficile et d'aussi peu gratifiant de ma vie. Même les « réunions » imposées par mon patron pour me rappeler au quotidien que mon équipe était si peu productive qu'elle allait obliger la boîte à mettre la clé sous la porte ou pire, imposer aux actionnaires de revoir leurs dividendes à la baisse (« pauvres » petits choux) me semblaient, en comparaison, une partie de plaisir.

Et pour cause : être à la maison avec un bébé de quelques semaines, c'est commencer à 5 heures du matin pour finir à un moment indéfini au milieu de la nuit, n'être jamais vraiment propre (que l'on soit couverte de sa propre saleté, de celle de son enfant ou qu'elles soient mutualisées), c'est avoir une to-do list dont les items se démultiplient comme par magie dès qu'on en raye un (un vrai sortilège de duplication !), c'est enchaîner les tâches pour lesquelles jamais personne ne te remercie (à moins que tu n'ajoutes l'autocongratulation à ta to-do, ce qui ne fait que la rallonger), tout ça en étant payée un tiers de SMIC – si tu ne peux/veux pas reprendre ton boulot au bout de douze semaines – pour une semaine de cent quarante heures, dimanche compris, sans jamais avoir le temps, évidemment, de regarder la moindre redif de *Buffy*. Alors certes, il y a des femmes surhumaines qui y arrivent, avec quelles ~~drogues~~ ressources, je ne sais pas (#soupirdadmirationéternelle). Mais moi, je n'y suis jamais vraiment parvenue. La maison était toujours cracra, le linge toujours dégueu, et moi entre les deux, avec l'odeur et la honte de ne pas réussir à accomplir ce que des générations de femmes avaient fait avant moi alors qu'elles n'avaient même pas Deliveroo.

Alors quand l'Homme rentrait explosé après avoir compressé douze heures de réunion en huit pour pouvoir partir à 18 heures, je grognais. Quand il m'expliquait que son boss n'avait pas inventé la poudre et encore moins les tampons et qu'il avait l'impression de (sur)nager dans une mare de vacuité, je commençais à bouillir. Quand il me confiait que le café de la salle de repos sentait comme une paire de pieds sortant de bottines en plastique achetées sur le marché, mon sang ne faisait qu'un tour. Bref, son quotidien me faisait fantasmer, là où le mien ne me donnait qu'une envie (ou deux) : pleurer et le frapper.

L'empathie, c'est quoi exactement ?

L'empathie est cette faculté que nous avons naturellement (à moins d'être un dangereux psychopathe) de ressentir ce que les autres ressentent. Innée, elle se développerait durant la petite enfance, notamment grâce à l'action des neurones miroirs. Ces derniers s'activent quand nous réalisons une tâche X ou Y, mais aussi quand nous voyons l'autre réaliser la même action. Ils permettent alors de reconnaître et de mieux comprendre le sens de son comportement et facilitent, par la même occasion l'empathie. Si vous étiez ainsi témoin de votre moitié, à deux doigts de pleurer parce qu'il/elle avait enfilé le body de votre descendance à l'envers, il y a fort à parier que cela vous pousse à dégainer votre mouchoir !

CE QU'ON A APPRIS

Avec un bébé à la maison et quelques bonnes heures de sommeil en moins, on est toujours, peu ou prou, le nez dans le guidon. Le problème : c'est qu'à force de se concentrer sur ses petits et grands soucis du moment et de ruminer sur son verre à moitié vide, on oublie vite de se mettre à la place de l'homme ou de la femme de sa vie. Et certes, il ou elle n'a pas eu droit de vivre en *live* les mésaventures gastriques de votre progéniture, mais cela ne veut pas dire qu'il/elle a passé une journée de rêve ! C'est vrai avec un bébé, comme cela l'était avant et comme cela le sera aussi après, quand le petit grandit. Il suffit parfois de faire preuve d'un peu d'empathie pour changer de perspective et (enfin) faire preuve de compréhension et d'attention.

Pour cultiver l'empathie, j'essaie de ..

- **Me regarder (un peu) moins le nombril.**
O.K., certaines situations sont pénibles, mais lui, il ressent quoi ?

- **Tester l'autoempathie.**
Comprendre et accepter mes émotions et mes besoins, c'est toujours utile pour mieux cerner les siens.

- **Me mettre à sa place.**
Si j'avais été dans ses baskets, comment j'aurais vécu ces quelques heures ? Et je ressens quoi exactement ?

- **Être bienveillante, faire preuve de compassion.**
Pour lui aussi, c'est parfois l'angoisse. Alors, comment je peux l'aider, ne serait-ce qu'un peu, à alléger sa peine ?

- **Parler (encore).**
Oui, ne pas être avec elle et avec l'enfant est une souffrance. Non, aller au bureau à 7 heures du matin n'est pas un plaisir.

- **Se taire.**
Aujourd'hui, Fred a fait l'hélicoptère avec une partie spécifique de son anatomie en réunion client ? Ça vous a fait beaucoup rire ? Ça ne la fera pas rire. Elle qui changeait une couche.

- **Trouver le moment.**
Parler ou se taire ? Faire part de ses frustrations ? Tout cela peut se faire, mais au bon moment : assis sur un banc dans un parc, je peux parler. En pleine crise de l'enfant… j'évite.

- **Partager.**
V. se sent seule ? Je vais déjeuner un midi avec elle et un collègue sympa (NON, pas la bonnasse suédoise !) qui peut devenir son/sa pote.

Elle sort d'où cette phobie administrativo-financière, là ??

Tout allait bien jusqu'à ce que le facteur sonne pour déposer un courrier de la CAF estampillé URGENT/ un 58ᵉ colis Vertbaudet commandé par votre + 1. Comment réagissez-vous ?

- **A** Je fais mine de ne pas avoir entendu la sonnerie.
- **B** Je paie grassement le facteur pour qu'il s'éclipse.
- **C** Je pourris ma moitié.
- **D** Aucune des propositions ci-dessus.

SON DÉBRIEFING à LUI

La douleur de l'argent (et de la CAF)

V. et moi avons un point – problème – commun : l'argent n'est pas une obsession. Un observateur objectif pourrait même dire que nous sommes des paniers percés, qui plus est, heureux de l'être. Le corollaire de cela est qu'il m'est totalement, absolument, *paroxystiquement* insupportable de devoir parler d'argent ou pire encore, de devoir adresser la parole à un banquier. Et il en va de même pour toutes les démarches administratives : des impôts aux assurances en passant par tout ce qui arrive dans la boîte aux lettres.

Le hic : l'arrivée d'un enfant a un impact financier (et administratif) non négligeable, comme le démontre le modèle mathématique suivant.

FiG. 1 avant

Situation financière pré-truc qui crie :

Revenu parent 1 + revenu parent 2 - loyer - charges diverses - 10 euros d'épargne mensuelle = budget plaisir funky kiwi.

FiG. 2 après

Situation post-sangsue financière :

Revenu parent 1 + revenu parent 2 - loyer - charges diverses - budget enfant (couches + lait en poudre + habits + chaussures à changer toutes les trois semaines + nounou/crèche + équipement qui dure quinze jours) = la tête à toto qui fait grève de la faim.

Et malheureusement, ceci a signifié une chose pour nous : l'argent est devenu un sujet qu'on ne pouvait plus ignorer. Par souci de paix sociale, V. et moi avons pourtant évité sobrement toute discussion se rapprochant de près ou de loin à notre budget familial, mais c'était sans compter ce jour (maudit) où le banquier a appelé pour nous rappeler qu'avec une crèche à 14 000 euros par mois, il allait falloir revoir nos dépenses. Je m'installe en PLS.

— C'était qui, mon chéri ?

— Le... personne, une erreur...

— D'ac. Dis, cet après-midi il faudrait aller en ville car E. a besoin de huit nouvelles paires de chaussures, 23 nouvelles robes, 122 tee-shirts, un manteau de ski et aussi un déguisement Tigrou pour l'anniversaire de Julie et du coup un cadeau pour Julie. Et avant que tu ne poses la question : oui, on fête son anniversaire à 1 an !

— On a vraiment besoin de tout ça ? On n'a pas acheté la même chose il y a deux semaines pour l'anniversaire de Lola ?

— Qu'est ce qui te prend là ? Tu vires radin ?

— ... c'était le banquier. La fin du mois commence le 8 du mois avec le prélèvement automatique de la crèche.

[*Retour en PLS, douche froide, sanglots, perte de virilité totale.*]

— Mon chéri, c'est rien, il faut que tu m'en parles. On va faire un budget.

[*Les sanglots redoublent.*]

— JE vais faire un budget.

— Tu ferais ça ?

— Oui, ça rentre dans un tableau Excel, j'adore.

— Je ne t'ai jamais autant aimée...

— On se fait un Deliveroo pour fêter ça ?

SON DÉBRIEFING @ ELLE

Promis ~~Jack~~ Jules : je n'abandonnerai jamais !

Les sous dans notre couple, c'est la partie immergée de notre iceberg, ce petit bout de contrainte qu'on a regardé pendant des années en se disant : « C'est bon, on a de la marge, elle est loin ! » Et puis un jour, on a embarqué sur le *Titanic* de la parentalité. D'abord, c'était drôlement chouette : on avait gagné le jackpot, on se réjouissait du voyage, j'avais l'estomac en vrac des hormones, c'était l'aventure, la Terre promise...

Et puis, il y a eu quelques signes annonciateurs du naufrage à venir : la découverte du montant de la PAJE* (ha ha ha !), le compte épargne secret vidé progressivement pour acheter le top du berceau et de la chaise haute évolutifs suédois (pas le grand qui fait des mini-prix, le petit qui fait des très gros prix avec ses produits de designer *trendy*), etc. On a décidé de vivre encore quelque temps dans notre insoutenable légèreté et crac... coup de fil du banquier !

Pour toute personne normalement constituée, cela n'aurait pas été le meilleur moment de la journée. Mais pour Jules, ça a été la douche froide, voire carrément l'immersion intégrale dans l'eau glacée de l'Atlantique Nord : « ... c'était le banquier. La fin du mois commence le 8 du mois avec le prélèvement automatique de la crèche. » Il se met en PLS, semble petit à petit perdre toutes ses fonctions vitales. Dans un souffle, j'ai même cru l'entendre dire : « Promets-moi que tu vas survivre, que tu ne m'abandonneras jamais, jamais... Même si ça a l'air

---

* La PAJE (ou Prestation d'accueil du jeune enfant pour les non-initiés) s'élevait en 2020 à 171,14 euros... Le début de la fortune ! Même si nous sommes évidemment d'accord que c'est mieux que rien et que nous avons la chance d'évoluer dans un pays où les prestations sociales ont au moins le mérite d'exister !

sans espoir... Promets-le-moi, maintenant... Et ne romps jamais cette promesse*. »)

À ce stade, ma seule solution était de sauver ce qu'il restait du père de mon enfant par un flot de paroles réconfortantes, avant qu'il ne soit définitivement englouti dans les abysses de la phobie administrative. « ~~Jack~~ Mon chéri, je le promets, je n'abandonnerai jamais... » Et puis, j'ai dû ajouter un truc du genre : « C'est rien. On va faire un budget. »

L'Homme a redoublé de sanglots, s'est noyé un peu plus dans son désespoir. Alors j'ai rectifié : « C'est rien. **JE** vais faire un budget. » Et hop, ni une ni deux, mon grand héros romantique a rafistolé sa coque et son orgueil, a quand même pris le temps de me faire une petite déclaration d'amour, et m'a laissée sur mon petit radeau Excel, accompagnée d'une to-do de démarches administratives longue comme le bras qui attendait, elle aussi, qu'on la sorte de sa galère...

CE QU'ON A APPRIS

Avec les sous et les contraintes du quotidien, l'Homme et moi n'avions jamais vraiment été du même bord, mais en devenant parents, nous avons dû nous rendre à l'évidence : il allait bien falloir que l'on se fasse (un peu) violence car avec un enfant, les heures consacrées aux démarches administratives et financières sont inversement proportionnelles au temps passé à faire la sieste/se faire plaisir/se faire plaisir en faisant la sieste. Et l'équation ne se simplifie malheureusement pas avec le temps, car les e-mails à la CAF et les frais de la nounou sont (bien trop) vite remplacés par...

* Si vous êtes trop jeune pour avoir vu *Titanic*, l'auteure ne peut rien pour vous... #sorry-notsorry

- Les activités extrascolaires (oui, le yoga pour enfant dès 2 ans et l'éveil musical au djembé, sont absolument indispensables).
- Les certificats médicaux (oui, l'enfant de 2 ans a besoin d'un certif pour le yoga/la gym/la danse/le djembé !)...
- ... et le matériel qui va avec (changer les chaussures tous les quinze jours, cela veut aussi dire changer les chaussons de danse, le tutu déchiré au deuxième cours, le justeau-corps tellement juste qu'il rentre dans les fesses).
- Le centre de loisirs...
- ... et la mise à jour des vaccins (rage, fièvre jaune, encéphalite japonaise... on sait jamais ce qui y traîne).
- Le cahier de correspondance (si vous pensez que vous ne pouvez pas faire pire que de contacter les impôts pour négocier un étalement des paiements, attendez les mots de la maîtresse !)...
- ... et les appels au bénévolat de l'association des parents d'élèves qui estime que vous n'avez pas assez de contraintes administratives pour ne pas avoir à gérer en plus celles de la tombola, de la kermesse ou du marché de Noël de l'école.

Bref, l'urgence est à la résolution de la phobie – ou du moins de la flemme – administrative et financière... au risque sinon, de voir la charge parentale de l'un s'alourdir de manière significative.

Pour partager la charge parentale, je tente de…

• Mettre en place une politique des petits pas. O.K., l'administratif, c'est (encore) une de ses limites. Pas question de lâcher, je lui confie de petites choses simples qui peuvent progressivement lui démontrer qu'en fait il peut y arriver. **• Éviter d'alourdir ma charge** et plus particulièrement lui rappeler ses engagements. Il a dit qu'il s'en chargeait ? Je lui fais un petit Post-it mignon, mais je ne le fais pas à sa place.	**• Oublier le machisme.** Vouloir gérer les sous dans son coin pour « la préserver », ça ne marche pas. On oublie son blocage et on parle de la charge financière de l'enfant. **• Être diplomate.** Elle a arrêté de travailler/réduit son travail pour s'occuper en partie de l'enfant ? Le #cekikifaittournerlefoyer n'est pas un argument, c'est juste la preuve qu'on est un canard. **Désacraliser.** Les discussions de sous. Ce n'est pas parce qu'on dit non à l'achat d'une 23e robe pour l'enfant qu'on est pingre, c'est qu'on est à - 853 euros le 8 du mois.

ARE YOU TALKING to MOI ?

Chez vous, une dispute ressemble plutôt à une scène de...

Ⓐ *Cannibal Holocaust* : vous vous bouffez (le nez) dès que vous vous baladez en forêt (ou autre situation anodine du quotidien), mais au moins vous êtes vite repu(e).

Ⓑ *Festen* : vous ne dites rien sur le moment, vous gardez votre rancœur sous le coude pour le prochain repas familial.

Ⓒ *Twin Peaks* : vous n'avez rien compris, mais vous vous êtes quand même disputés.

Ⓓ *La Haine* : jusqu'ici tout va bien, jusqu'ici tout va bien... Et puis finalement, explosion.

SON DÉBRIEFING à LUI

La froideur du dragon

Trop tard, la mission désamorçage a échoué.

Dans le coin gauche du ring, la larme à l'œil et le chemisier en bataille : V. ~~36~~ 28 ans, 1 m 65, spécialiste du tai-chi-bouderie et ceinture noire de MMA (méga mutisme d'attaque). Dans le coin droit du ring : le cheveu rare mais soyeux et la bave aux lèvres, J., 36 ans, 1 m 82, 72 kilos (j'ai un peu pris depuis récemment), troisième dan de dai-colère froide à mains nues.

Tranquillement couchée dans son lit, E., 6 mois, qui dort comme une bienheureuse ou presque. Le combat peut commencer... Et c'est mal barré pour deux raisons :

1. V. et moi ne nous disputons qu'une fois tous les trois ans, donc nous ne sommes ni entraînés ni rompus à l'exercice.

2. Nous avons un rapport au conflit totalement opposé. V. se mure dans un silence digne de Bernardo (le *sidekick* de Zorro), puis enterre soigneusement tous les stigmates dans un trou bien profond (qui fera quelques années plus tard la fortune d'un psy). De mon côté, je deviens un monstre froid – encore plus que d'habitude – avec une urgence : crever l'abcès là tout de suite maintenant.

La scène est presque cocasse :

— Tu veux quoi, V. ? Tu veux juste qu'on s'engueule ?

— ...

— Mais parle, quel est le souci ? Je n'ai pas répondu à ton 79e WhatsApp de la journée [*mode canard :* ON] ?

— ...

— [*Mode tentative de retrouver son calme intérieur*] Tu me dis au moins ce qu'il y a ? Ce que tu veux faire ?

— ...

— Si tu ne parles pas, on ne va pas avancer !

— …
— [*Mode evil Bruce Lee*] Je ne peux pas continuer comme ça…
— …

Et là, chacun s'est enfermé dans une pièce. V. avec une boîte de mouchoirs, moi avec ma Switch. On a tous les deux oublié la raison initiale de la prise de bec. Au bout de trente minutes, j'y retourne avec le bistouri à la main pour vider cet abcès. Elle a tout éteint dans la chambre, elle sanglote dans le lit. Elle a dit un premier mot, on a parlé, elle a pleuré, je l'ai prise dans les bras. On a parlé. Elle a pleuré. On est vidés. Bref, on est nuls en engueulade.

SON DÉBRIEFING à ELLE

(Bouche bée, acculée, en PLS)

S'il y a bien une chose que je suis incapable de faire, c'est de me disputer en mode grands cris et scènes mélodramatiques dignes des *Feux de l'amour*. L'avantage de cette nullité absolue en altercations : je n'ai généralement aucun problème à rester en de bons termes avec tout le monde, même si parfois cela vaudrait vraiment le coup qu'on se brouille. Ami(e)s, famille, ex-collègues : tous sont restés bien au chaud dans le répertoire de ma carte SIM. L'inconvénient : je n'arrive jamais à dire ce que j'ai vraiment sur le cœur, encore moins en temps de crise (une malédiction familiale héréditaire de génération en génération) ce qui a plusieurs conséquences…

1 **Ma psy est richissime :** avec l'argent de mes consultations, elle aurait littéralement pu investir dans un hôtel particulier dans le Marais si Stéphane Plaza avait été un peu plus dispo.

2 J'ai un ulcère, de l'eczéma, des cheveux qui tombent par poignées et des débuts de TOC (j'insulte les candidats de *L'amour est dans le pré* quand ils se plantent de prétendant(e)s… mais est-ce vraiment un TOC ?). Bref, je somatise à mort et je suis parfaitement consciente que toutes ces émotions refoulées vont un jour provoquer chez moi, le pire, ce que je redoute depuis mon douloureux passage au collège : la crise d'acné.

3 La communication peut être difficile, voire impossible avec l'Homme, ce qui pour un couple, est quand même un peu ballot.

Avant l'enfant, la situation était parfaitement gérable. À raison de deux prises de chou par an (la première suivant le départ de ma famille après les fêtes de Noël, la seconde généralement liée à ma surcharge de boulot, mes horaires extensifs et l'abandon de ma moitié à sa Switch), on pouvait se payer le luxe de perdre quelques heures, moi, roulée en boule, intouchable comme un comédon refusant de quitter le front d'un ado, lui, prêt à tout pour crever l'abcès, avec autant de tact qu'un nutritionniste qui vous fait passer sur la balance après les barbecues de l'été. Le hic : avec l'enfant, les motifs de confrontation et la fatigue ont explosé de manière exponentielle. Cela n'augurait donc rien de bon, comme en atteste cette scène qu'on pourrait croire cocasse, mais qui à mes yeux, était d'une tristesse absolue :

— Tu veux quoi, V. ? Tu veux juste qu'on s'engueule ?

— …

[*Je ne daignerai même pas répondre à cette question qui n'est que pure provocation. Après moult années partagées, tu sais TRÈS BIEN que je ne cherche JAMAIS l'engueulade, JAMAIS !*]

— Mais parle, quel est le souci ? Je n'ai pas répondu à ton 79e WhatsApp de la journée ?

— ...

[*Nan, mais d'où il sort ce mode canard, là ? Si tu ne m'agressais pas et que tu me donnais le temps de digérer mes émotions – O.K., faudrait longtemps, mais quand même –, je pourrais te dire que je suis triste, que j'ai l'impression que tu ne comprends pas la situation dans laquelle je suis, que j'aimerais que tu fasses preuve d'un peu plus d'empathie, que tu te mettes à ma place, que tu voies à quel point je souffre, même si cela te parait anodin...*]

— Tu me dis au moins ce qu'il y a ? Ce que tu veux faire ?

— ...

[*Mais je te jure que j'essaie, mais ça veut pas sortir. J'ai une boule dans la gorge comme quand je regarde une pub Intermarché/ de Noël, j'ai envie de vomir comme quand je bois de la tequila, j'ai la tête qui bourdonne comme quand j'essaie de résoudre une équation à une inconnue, j'ai les mains qui tremblent comme ce jour où j'ai cru que je t'avais perdu. Je n'y arrive pas, c'est plus fort que moi !*]

— Si tu ne parles pas, on ne va pas avancer !

— ...

[*Mais, tu ne crois pas que je le sais ! Et à chaque fois que tu me pousses dans mes retranchements, j'ai un peu plus envie de fuir, de te dire arrête,* ça *me fait mal. Pourquoi tu ne peux pas comprendre que je n'y arrive pas ?*]

— Je ne peux pas continuer comme ça...

— ...

[*Alors, j'imagine que dans ta tête si tu dégaines ton mode « Son Goku » et que tu me menaces, ça va t'aider à déceler le secret de la vie/ à trouver les sept boules de cristal venues des étoiles, mais je ne vois même pas comment tu peux penser une seule seconde que ça va m'aider. Voir point précédent qui se passe dans ma tête, mais que t'aurais dû arriver à décrypter depuis le temps.*]

Et là, chacun s'est enfermé dans une pièce. Moi, avec une boîte de mouchoirs, lui avec sa Switch. On a évidemment tous les deux oublié la raison initiale de notre engueulade. Mais l'Homme a le mérite d'être aussi coriace qu'amoureux, et au bout de trente minutes, il est revenu avec sa délicatesse légendaire pour le crever, cet abcès. Je pleurais dans le lit, j'avais plus de mouchoirs, je maudissais ce matin où j'avais évidemment choisi le mauvais mascara (celui qui est soi-disant waterproof, qui bave quand même quand tu pleures, mais qui, pour une raison obscure, est absolument impossible à retirer avec du démaquillant). J'ai dit un premier mot, on a parlé, j'ai re-re-re-pleuré, il m'a prise dans ses bras. On a parlé. J'ai encore et toujours pleuré (c'est quand même impressionnant toutes ces larmes qu'on peut avoir). On était vidés. Bref, on n'est pas très calés en engueulade, mais qu'est-ce que j'aimerais pouvoir l'être : ça ferait sûrement beaucoup moins mal.

CE QU'ON A APPRIS

On aurait pu/dû s'en douter : les défauts d'avant ne disparaissent pas miraculeusement quand on accueille un enfant. Pire, parfois ils finissent par s'exacerber car la fatigue, la complexité des tâches et des responsabilités ne fait que démultiplier le stress et la faculté de chacun à s'emporter. Bref, avec l'arrivée du divin enfant, les disputes se sont invitées de plus en plus fréquemment dans notre foyer. Et finalement, cela a eu du bon (#sisijevousjure), car leur multiplication nous a poussés à trouver des solutions, à ne plus nous dire simplement « c'est bon, ça va passer », à prendre conscience que faute de résolution, on allait se faire du mal à nous, mais aussi à elle. Alors, on a potassé, on a cherché, j'ai enrichi ma psy, mais aujourd'hui, ça va mieux !

Face à la multiplication des disputes, on tente de…

- **Essayer autre chose.**
Communiquer à froid, le lendemain, quand les émotions sont digérées, c'est souvent bien plus efficace !

- **M'entraîner à la mentalisation.**
Arriver à reconnaître mes états émotionnels et les siens, analyser ce qui s'est passé, tenir compte de nos expériences passées dans notre vécu de la situation, c'est aussi cela qui nous permettra de mieux vivre les moments difficiles.

- **Faire preuve d'empathie.**
Franchement, si moi j'étais confrontée à un mur à chaque discussion, j'aurais quelle réaction ?

- **En parler à ma psy.**
Certains de nos conflits réveillent en moi des vieux dossiers. Ceux-là, ce n'est pas à deux qu'on va les gérer !

- **Accepter.**
L'enfer c'est les autres, surtout les autres avec qui on habite. Donc la dispute, c'est normal de temps en temps, surtout avec la fatigue.

- **Gérer.**
Pour qu'une dispute ne soit pas mortifère, il faut être en mesure de gérer soi-même et l'autre (on essaie de canaliser un peu pour comprendre).

- **Apprendre.**
Une dispute sans action derrière est stérile. Il faut en parler, comprendre ce qui a fait enfler le ressentiment, éclater la colère pour savoir ce qui doit changer des deux côtés.

CONCLUSION

On en a tous un... Ce couple de potes qui après avoir eu un bébé, mincit à vue d'œil (en mode « quel kif le #runningpoussette avec ma Bugaboo à 2 000 euros ! »), retrouve une vie sociale au bout de deux jours, parce que leur bébé adoooooore être dans des endroits blindés de bruit et d'odeurs ET prendre le métro (#apérobaby), et dont les membres semblent plus proches que jamais parce que vraiment, la parentalité, ça rend encore plus amoureux !

Autant vous prévenir tout de suite : c'est une *fake news* que même *Le Monde* n'a pas jugé utile de décrypter, un hoax aussi énorme que le jour où vous avez eu un e-mail d'impots.gouv.fr vous annonçant que la totalité de votre imposition sur le revenu allait vous être remboursée si vous acceptiez de donner votre code de carte bleue. Quelles que soient vos douces illusions, l'arrivée d'un bébé bouleverse un couple. En bien, c'est vrai, car il offre un nouveau sujet intarissable de discussion/d'admiration/de photos à poster sur les réseaux sans son autorisation. Mais, il impose aussi au couple un certain renoncement, et ce dans plusieurs domaines :

- **L'intimité :** les soirées peinards devant *Koh-Lanta* (sans pleurer/pioncer/s'engueuler), les sorties improvisées au cinéma, les moments à deux où on ne glande rien et on est juste bien... Tous ces petits moments improvisés sont remisés pour laisser place à une organisation minutée. Aïe !

- ✱ **La vie sexuelle déjantée :** avoir un bébé, c'est aussi découvrir (dans la douleur) qu'on a un périnée, c'est devoir prendre le temps de se remettre sur pied, c'est être tout le temps crevés, voire parfois un peu déprimés. Résultat : La libido de foufou n'est plus vraiment au rendez-vous (pour un temps, du moins).
- ✱ **L'équilibre à deux (ou trois) :** pendant des années, nous avions pris nos petits repères, fait en sorte que notre vie soit stable sans être pépère. Avec la naissance, cet équilibre a volé en éclats et celui-là, pour le coup, il ne se retrouve pas !

À vue de nez, la situation ne fait pas rêver, voire a carrément de quoi faire flipper. C'est pour cela que le renoncement est important. En acceptant que quelque chose n'aura pas lieu (du moins pendant un temps), on peut éviter les frustrations et essayer de trouver les solutions pour retrouver des pistes d'épanouissement à deux, maintenant qu'on ne l'est plus ! Par contre, essayer d'avoir la même vie (et le même périnée) qu'avant, c'est un peu une illusion qui ne peut que générer de l'insatisfaction.

Attention, il y a renoncement… et renoncement !

Un petit point sémantique (#languefrançaiselovers) s'impose avant de continuer ces quelques pages que vous ne pouvez plus lâcher. On entend renoncement ici au sens premier du terme, à savoir, accepter que quelque chose ne se fasse pas (la vie de couple comme avant en l'occurrence, mais cela aurait pu être votre week-end à la mer en période de confinement, ou le passage malencontreusement annulé – oh, non ! – de votre belle-mère). Par contre, pas question de faire preuve de renoncement au sens quasi mystique du terme qui implique de ne plus défendre ce à quoi l'on tient ou de sacrifier ses satisfactions personnelles. Non, non, non !

Alors concrètement, c'est quoi la solution ? À chacun sa recette, évidemment. Pour nous, les premiers mois avec le divin enfant nous ont bien fait grincer des dents, mais nous avons fini par trouver ce qui pouvait nous faire sourire autant qu'avant, tout en étant deux membres d'un couple forcément différent :

- On a essayé d'accepter le changement, de reconnaître nos nouveaux besoins pour mieux surmonter le quotidien et sa nouvelle charge ou les nouvelles épreuves ENSEMBLE !
- On a tenté de se mettre à la place de l'autre, de faire preuve d'empathie, car on avait eu beau dire qu'on allait se confier en cas de difficultés, on n'y est pas toujours arrivés.
- On a aussi cherché à se débarrasser des petites choses qui ne servaient à rien et pourtant parasitaient notre quotidien (la jalousie ? les disputes ? #noway) pour les remplacer par ce qui a toujours été notre plus grande force, la complicité.

Et au cours des premiers mois, qu'est-ce qu'on a galéré... Et presque cinq ans après, on est obligés de constater qu'il faut toujours faire une petite croix sur le nous d'avant régulièrement :

- **Au « nous » enlacé** pendant les soirées *Top Chef*, parce que l'enfant du démon a peur des monstres, des ogres, des loups, des sorcières, du coronavirus et de la loi (?), le tout en même temps.
- **Au « nous » libéré-délivré** pendant les sorties resto-ciné-et plus si affinités, parce que la baby-sitter n'est pas dispo, mais qu'on ne va pas en chercher une autre parce que celle-là elle parle quatre langues, fait des sports extrêmes et est à deux doigts d'obtenir son diplôme de sage-femme et de secouriste de haute montagne.
- **Au « nous » caresse dans les cheveux**, câlin dans les

> bras, tête dans le creux d'une épaule, parce que si on ne répète pas exactement le même geste avec l'enfant, elle nous fait une bonne petite crise de jalousie qui va nous pourrir la soirée.

Mais peu importe, à chaque fois, on finit par se retrouver et à en sourire parce qu'on a appris à renoncer, mais qu'on n'a jamais oublié de s'aimer.

Chapitre 3

Moi depuis qu'on est trois

En matière d'estime et de confiance de soi, il y a deux écoles que notre couple incarne assez bien.

D'un côté, il y a le club « bien dans sa peau, bien dans son ego » dont Monsieur pourrait faire une pub parfaite (comme celle pour les tampons qui donneraient presque envie d'avoir ses règles*). Les années passent, mais lui reste droit dans ses bottes : il se kiffe (sans pour autant avoir les chevilles qui enflent), il se dit qu'il aurait pu être bien pire (après tout, il a de jolies chevilles toutes fluettes), il s'envoie un poutou dans le miroir en sortant de la salle de bains le matin et globalement, le reste de sa journée et de sa vie avec lui-même se déroule en parfaite harmonie avec pour seule contrainte de se demander ce qu'il va manger au prochain repas.

De l'autre, il y a le clan que nous baptiserons sobrement ici « ah là là là, mais t'avais pas vu ça ? », à savoir, celles et ceux, dont Madame fait partie depuis que la progestérone s'est invitée dans sa vie, qui découvrent au fil de l'eau toutes les petites choses qui pourraient contribuer à être mal dans leur peau.

* Mais presque seulement, parce qu'il faut pas déc…

La nouvelle ride du coin de l'œil ? Ah là là là ! Le bourrelet fourbe venu subrepticement s'intercaler entre les deux autres alors qu'on ne lui avait rien demandé ? Re-ah là là là. L'augmentation de salaire de la voisine d'open space ? Re-re-ah là là là. Bref, la journée est passée à se scruter, se comparer et identifier tout ce qui pourrait peser dans (et sur) la balance du manque d'estime et de confiance en soi.

Autant dire qu'entre les deux, il y en a un qui a globalement la vie plus tranquille que l'autre, en tout cas dans sa relation à lui-même. Mais voilà, qu'on soit bien dans ses baskets et ou qu'on ait l'ego un brin écorné, l'arrivée d'un bébé va tout changer. Eh oui, accueillir un divin enfant, c'est aussi devoir encaisser le changement, se voir évoluer, et pas forcément dans la direction que l'on aurait souhaitée. Mais bonne nouvelle : au bout d'un moment, la frustration (voire la déception) finit par laisser la place à l'acceptation. Et un jour on se rend compte qu'en devenant parents, on est toujours soi, mais en mieux !

C'EST À CETTE HEURE-CI*

QUE TU RENTRES ??

(*18h03)

Vous rentrez épuisé(e) de votre journée de boulot pour vous entendre reprocher que vous auriez dû vous débrouiller pour être là plus tôt. Comment réagissez-vous ?

- **A** Vous réfléchissez aux bonnes excuses qui auraient pu être les vôtres pour ne pas rentrer (suis tombé(e) sous les roues du bus, par la fenêtre, etc.).
- **B** Vous pourrissez votre moitié en retour.
- **C** Demi-tour, vous rentrerez quand l'autre furie sera calmée.
- **D** Aucune des réponses précédentes.

SON DÉBRIEFING à ELLE

J'ai compté les minutes pour ne pas craquer, tu sais…

Mettons les choses au clair… Avec l'Homme, on a beau faire nos langues de vipères trempées dans un bon bol d'humour noir, nous avons été comme tous les parents : complètement lobotomisés d'admiration devant cette mignonnerie absolue que constituait (et constitue toujours) notre enfant. Mais voilà, aussi élevé soit-il, le niveau d'adorablerie de la progéniture ne garantit jamais la tranquillité d'esprit. Et avant même que notre petite boule de sucre et de gazouillis ne voie le jour, j'étais déjà taraudée par une grande question : mais qu'est-ce qu'on allait bien pouvoir faire toutes les deux toute la journée quand on allait se retrouver entre quatre yeux ?

À cette époque (de naïveté absolue), je me disais que j'allais sérieusement m'em... nnuyer. Moi, mon truc, c'était le travail, les cafés avec les collègues, les réunions où il fallait trouver des concepts révolutionnaires auxquels personne n'avait jamais pensé même si quelqu'un y avait toujours pensé avant nous, les heures passées à cogiter tout en me demandant ce qu'on allait manger à la cantoche (#spoileralert : c'était toujours dégueu) avant d'aller reprendre le café. Bref, je kiffais la vibe au taf comme le dirait aujourd'hui une génération X qui tenterait d'établir le contact cool (#oupas) avec un millénial.

Évidemment, quand on s'est retrouvées à la maison toutes les trois, rien ne s'est passé comme prévu. Car nous étions bien trois : la mignonnerie, moi et ma dépression post-partum qui à l'époque s'appelait plutôt « mais t'inquiète, c'est normal, ça va passer ». Précisons aussi que nous nous sommes retrouvées toutes les trois à la maison, en plein novembre, soit le mois où le commun des mortels, même celui qui n'a pas enfanté, a déjà envie de se pendre. Alors quand les hormones s'en sont mêlé, l'apocalypse s'est abattue sur nous.

Nous nous sommes donc retrouvées toutes les trois en tête à tête à tête, dès la deuxième semaine de vie de la première (tête), l'Homme ayant réussi à s'échapper au boulot et à l'autre bout du monde plus tôt que prévu. Et malgré nos routines (censées être rassurantes, blablabla), force est de constater que c'est l'angoisse qui s'est installée.

La preuve avec notre journée type.

pleurs (E.)
↓
changement de couche
↓
sein
↓
autre sein
↓
encore du sein
↓
re-pleurs (E.)
↓
pleurs (moi)
↓
rendormissement mutuel pour cause d'épuisement.

pleurs (E.)
↓
couche
↓
sein
↓
autre sein
↓
encore du sein
↓
re-pleurs (E.)
↓
pleurs (moi)
↓
on fait semblant de s'habiller, toutes les deux, il paraît que c'est important
↓
pleurs
↓
rendormissement.

pleurs (E.)
↓
couche
↓
sein
↓
autre sein
↓
encore du sein
↓
re-pleurs (E.)
↓
pleurs (moi)
↓
paraît qu'il faut s'éveiller sur le tapis du salon
↓
linge sale empilé sur le tapis
↓
éveil reporté
↓
constat : il n'est que 9 heures et J. ne va pas rentrer avant neuf autres heures
↓
pleurs (moi)
↓
rendormissement.

pleurs (E.)
↓
couche
↓
sein
↓
autre sein
↓
encore du sein
↓
re-pleurs (E.)
↓
pleurs (moi)
↓
tentative de sortie (vingt-cinq minutes à l'habiller, on sait jamais, je pourrais la casser + dix-sept minutes à descendre seule la poussette de 25 kilos remplie de bébé, du sac à langer et de mon espoir de la voir s'endormir)
↓
pluie torrentielle
↓
re-pleurs (moi & E.)
↓
rendormissement...

Globalement, la journée se déroulait ainsi au rythme de cris(es) et des tétées, jusqu'à 17 heures. Et puis 17 heures arrivait : 17 heures, c'était l'heure de la dernière ligne droite, *the final countdown* comme aurait dit Europe dans les années 1980[*], la meilleure et, en même temps, la pire heure de la journée. La meilleure, car seules soixante minutes ou trois mille six cents secondes nous séparaient de l'instant béni où je pourrais passer l'enfant à son géniteur.

La pire, car justement il restait encore trois mille six cents secondes que systématiquement le petit paquet de mon cœur semblait vouloir passer à pleurer non-stop. C'était donc trois mille six cents secondes que je passais l'enfant mignonnet mais hurlant dans le porte-bébé, moi, le nez collé à la fenêtre, le dos en miettes, la gorge et d'autres parties étranges de mon corps en feu d'avoir chanté l'intégralité de *Bohemian Rhapsody* (même la partie avec les chœurs chelou) 12 fois en boucle tout en faisant des squats parce qu'il paraît que c'est bon pour calmer les bébés et se muscler le périnée[**].

Et suite à ces interminables trois mille six cents secondes, chaque instant supplémentaire était un véritable calvaire. Donc oui, quand l'Homme avait raté son métro et arrivait hors d'haleine cent quatre-vingts autres secondes plus tard, il en prenait pour son grade parce que même si on était enfin mamans, ma dépression post-partum et moi, on était quand même très malheureuses...

* ♫ Tutututuuuuu tutututututuuuuu... Millénial > YouTube > recherche : Europe, *Final Countdown* ♫

** Note a posteriori : mauvaise idée pour le périnée...

Note (réconfortante) à la mère que vous serez dans quinze jours ou plus :

On a beau être prévenue pendant la grossesse, les premières semaines, c'est difficile. Le baby blues, c'est dur, et non, parfois, ça ne passe pas au bout de dix jours comme on vous le promet, mais au bout d'un mois ou plus, parfois le retour de bâton vient au bout de quelques mois, quand la dépression post-partum (ou dépression périnatale comme on l'a désormais baptisée) s'installe. MAIS, parce qu'il y a un heureusement un mais et même plusieurs :

1. Cela finit toujours par passer.
2. Vous n'êtes pas seule : vos parents, vos amies, vos praticiens (sage-femme, gynéco, pédiatre), le personnel de la PMI, un(e) psy, les écoutants d'Allo Parents Bébé (0 800 00 34 56)... Tous sont là pour vous aider. Il faut juste trouver l'énergie de vous mettre en lien.
3. Vous êtes bien plus forte que vous ne le pensez !

Courage : vous allez y arriver (si, si, je vous promets) !

SON DÉBRIEFING à LUI

Peut-être qu'avec des fleurs...

Internet, c'est la mort du couple. Internet, c'est le mal. Plus précisément, les messageries instantanées, c'est le diable incarné. WhatsApp, Skype, Hangouts... Tous autant que vous êtes, je vous hais. Je vous déteste absolument car vous créez un besoin d'immédiateté, vous engendrez une fausse impression de proximité.

Le jour exact où je vous ai exécrés le plus au monde est celui où, croulant sous le travail, j'ai tenu à rester connecté toute la journée pour avoir l'illusion de tenir compagnie à ma dulcinée qui vivait ses journées comme autant de montées au Golgotha. J'ai même avalé mon *currywurst** devant Hangouts pour être là. Faussement là.

* La légendaire saucisse au curry qui ne fait rêver que les Allemands... et encore.

L'instant exact où je vous ai haïs – plus que la peste, le choléra, les Stan Smith ou les gens qui disent « merki » –, c'est à 16 h 43. J'ai vu les « … » s'agiter dans la fenêtre de tchat. S'arrêter. S'agiter à nouveau. Puis les mots sont apparus : « Rentre. Ça va pas. »

Un e-mail à l'équipe, j'ai plié mes affaires, pris mon ordinateur sous le bras et traversé la ville en métro. Hangouts me rappelait à tous les instants : « Tu en es où ? », « Tu rentres ? ».

Oui mon cœur, je suis même derrière la porte, il est 17 h 01. Je sais que tu as passé une journée très dure. Je sais que la mienne n'a pas été reposante. Je sais que nos nuits ne sont que de longues somnolences. Je sais que tu n'es pas bien en ce moment. J'entends du bruit, ça va. J'ai ce p… de déplacement au Texas à t'annoncer. Tiens, je mangerais bien des carbo, moi. J'ouvre ? J'ouvre. Il est 17 h 03.

CE QU'ON A APPRIS

Comment passer haut la main l'épreuve du baby blues, dix astuces pour vaincre la dépression périnatale (tout en rééduquant son périnée et en retrouvant son #summerbody)… Quand on ouvre le premier magazine parental venu, on ne voit que ça : des conseils pour aider les mamans à surmonter cette période difficile que sont les premiers mois qui suivent l'accouchement. Et en toute transparence, ils peuvent être compliqués, voire carrément galère quand la dépression post-partum s'invite à la maison… Et c'est rarement la lecture de *Magicmaman Magazine* qui permet d'arranger les choses. Mais, ce à quoi on ne nous prépare jamais, c'est que le baby blues et la DPP (pour l'appeler par son petit nom) touchent aussi les papas (ou l'autre maman) et par extension le couple. Pas dans leur chair, leur bain d'hormones et leurs larmes (quoique…), mais dans leur difficulté à aider celle qu'il/elle aime…

Pour surmonter les épreuves à deux, j'essaie de...

• M'occuper de moi.
Dormir, bien manger, sortir prendre l'air régulièrement... Si je me sens mieux, les deux autres aussi retrouveront le sourire.

• Déléguer le reste.
Les démarches administratives, la maison... Pas mon problème, il peut s'en charger pendant un temps !

• Accepter de l'aide.
L'Homme, ma famille, les amis m'en proposent ? Je n'essaie même pas de faire ma Wonder Woman !

• Consulter.
Si ça ne va pas mieux au bout de quelques semaines, je prends rendez-vous. Sage-femme, psy, gynéco : j'en parle à quelqu'un. N'importe qui ou presque.

• Croire en nous.
la résilience est extraordinaire. On en sortira grandis...

• M'occuper de moi (aussi).
Dormir, bien manger, ça permet d'être plus disponible pour elle et de tenir.

• M'occuper d'elle.
Essayer en tout cas d'être là, juste là quand il faut, quand une tierce personne (une sage-femme malhabile, par exemple) la culpabilise et vient nourrir sa tristesse de son manque de tact.

• Trouver un exutoire.
Un truc à moi pour canaliser les émotions négatives que ce soit du yoga, Pokémon™, du kick-boxing, du chaton *throwing* (ne faites pas ça, la SPA surveille !) ou du macramé.

• Savoir que ça va passer.
La phase de déséquilibre est limitée, on a une base solide, cela finira par passer.

VOUS ÊTES
FUSIONNEL·LE·S

ET MOI

Moi ? Moi ?

DANS TOUT ÇA ?

Votre enfant sait à peine parler que ses deuxième et troisième mots sont « pas maman »/« pas papa ».
Comment réagissez-vous ?

- **A** Vous allez vous pendre.
- **B** Vous envisagez de vous pendre.
- **C** Vous vous terrez dans votre coin pour réfléchir à comment mieux vous pendre.
- **D** Vous envisagez de pendre votre moitié.

Moi aussi je voulais jouer au foot…

Avez-vous déjà été le petit grassouillet, ni très adroit de ses mains, ni très épanoui socialement que personne ne prend dans son équipe en cours d'EPS ? Celui qui aimerait qu'on le choisisse là maintenant tout de suite, juste pour éviter l'humiliation de rester sur la pelouse en entendant le prénom des autres élèves s'égrainer à mesure qu'il tente de disparaître sous une motte de terre ?

Cette situation, je ne la connaissais pas jusqu'à l'arrivée de notre enfant. Et puis E. est née et elle a fait de moi le petit grassouillet, ni très adroit de ses mains, ni très épanoui socialement qui est choisi en dernier. Pas parce que je suis grassouillet, non ! Parce que je ne suis pas le super pote du chef d'équipe ! Parce que mes BN sont à la fraise et pas au chocolat, parce que… parce que je suis le papa qui n'a pas les bisous aussi magiques que ceux de maman, qui a une barbe qui pique plus que celle de maman, etc.

Alors dans ces moments-là, quand l'enfant choisit le membre de son équipe et que ce n'est presque jamais moi, je fais la seule chose que je sais faire : je feins – avec brio – l'indifférence. Mais au fond de moi, ça pique, ça réveille cette peur de l'exclusion, cette solitude atroce qui déchire du dedans. Et le plus difficile pour l'être rationnel que je suis est que, justement, ce n'est pas rationnel, ni de son côté (si l'on peut demander à un bébé d'être rationnel), ni du mien.

- **Elle devrait m'aimer :** j'ai passé un après-midi à faire l'avion dans un parc avec E., je lui ai préparé son dîner, donné son bain, mais la personne pour le câlin – consolation –, le temps des bisous, c'est toujours V.

* **Je devrais m'en tamponner le coquillard avec le pinceau de l'indifférence :** j'ai beau me blinder, me dire que c'est normal, que cela changera quand Électre (la jumelle d'Œdipe) pointera le bout de son nez, mais non, j'ai ce sentiment violent et inutile d'injustice du grassouillet qui n'est jamais choisi dans l'équipe de foot.

En vécu, cela donne à peu près ceci :

— Viens là ma chérie, papa t'a préparé un super dîner !

— Maman !

— Maman prend un bain pour se détendre, je vais te donner à manger.

— Maman !

— Ma chérie, je t'ai lavée, séchée, fait à manger…

— Bouhouuuuuuuuuuuuuuuuuuuuuuuuuuuuuu !

— V. !!!

V. arrive, telle Vénus sortie des eaux, encore fumante d'un bain injustement écourté ; l'enfant se précipite dans ses bras. Je souris… Et je vais prendre une douche froide en PLS et en suçant mon pouce. Bref, je suis le petit gros qu'on ne prend jamais dans son équipe.

SON DÉBRIEFING à ELLE

Elle dit qu'elle ne voit pas le problème !

Ayant toujours été la petite grosse du fond du cours de gym, la grassouillette qu'on ne choisit jamais dans son équipe d'EPS sauf pendant le cycle judo/lutte gréco-romaine parce qu'on ne peut pas scinder la classe en poids légers/poids lourds et que c'est toujours un avantage d'avoir un quintal de plus que les autres, je me suis toujours demandé : est-ce que les cool se prélassent à longueur de journée dans leur popularité tandis que le commun des mortels redoute le moindre faux pas (comédon mal placé, déo oublié…) ? Ou ont-ils la sensation que la coolitude, c'est rude, qu'être adulé, c'est un fardeau à porter ?

J'ai enfin obtenu un élément de réponse à ce questionnement métaphysique en devenant mère. Face à notre enfant réglée par défaut en mode « mamanmamanmamanmaman », le constat a été limpide : non, être la personne la plus convoitée du microcosme du coin n'est pas aussi facile que d'enfiler son jogging du dimanche le vendredi soir (c'est si confortable…). Cela peut, au contraire, être extrêmement compliqué #empathieaposterioripourlescooldulycée. En effet, en éjectant le divin enfant *via* mon périnée presque préservé, je suis devenue ipso facto, la figure d'attachement principale. Merci M. Bowlby pour ce nouvel élément de langage politiquement correct que nous préférerons pour la suite de la lecture à la vérité observée : je suis le parent préféré !

Le moment culture-confiture pour briller en société :
La théorie de l'attachement !

Selon le psychiatre et psychanalyste John Bowlby, l'enfant éprouve, dès sa naissance, un besoin de trouver du réconfort et une réponse à ses besoins de base auprès de son entourage, et pour commencer auprès d'un de ses parents… Généralement sa « môman ». Elle devient alors sa fameuse figure d'attachement principale (#winneuse). Puis, le bébé apprend à trouver la sécurité affective dont il a besoin auprès d'autres personnes qui sont à même de lui offrir des soins, du temps et de la disponibilité affective (dont les sessions de fusée intergalactique). Il se construit alors ainsi tout un petit réseau de figures d'attachement secondaires (#onpeutpasgagnertoutletemps) dont fait partie Pôpa, les grands-parents, la nounou, etc. Ses besoins comblés par sa garde rapprochée d'esclaves, le bébé peut prendre confiance, explorer son environnement et ainsi devenir plus autonome.

Ce qu'il faut retenir de tout cela :

1. Si votre bébé vous porte le même intérêt qu'un collégien à son prof d'allemand, pas d'inquiétude : vous n'êtes simplement pas sa figure d'attachement principale.

2 Si vous n'êtes pas sa figure d'attachement principale, profitez-en : certes, pour le moment vous n'êtes que le grassouillet du fond, mais vous serez bien assez rapidement exploité à votre tour ! La roue tourne !

Vous êtes la figure d'attachement principale ou faites partie des *happy few* sélectionnés par votre enfant pour ~~trimer~~ l'aimer ? Gardez à l'esprit que votre liberté repose entre vos mains : plus vous répondrez à ses besoins, plus votre enfant sera confiant et autonome, plus vous serez susceptible de souffler rapidement… D'ici une vingtaine d'années !

Sur le papier, ce statut peut faire rêver, surtout l'autre moitié du couple parental. Après tout, être le bénéficiaire quasi exclusif des bisous, des câlins, du premier « je t'aime », du réconfort en cas de coup dur ou de gros bobo, c'est loin d'être désagréable. Par contre, revers de la médaille, la popularité illimitée auprès de l'enfant en bas âge vient aussi avec :

↳ Une astreinte 24 heures sur 24, 7 jours sur 7 et 365 jours par an (et plus encore si c'était calendairement possible).

↳ Une obligation constante de réponse quasi immédiate à toute sollicitation quel que soit son mode d'expression (cris, pleurs, caca explosif, etc.).

↳ Un engagement à rester zen face auxdites sollicitations, même si cela implique de renoncer au bain qu'on vient de faire couler pour la première fois en douze mois, qui a la température parfaite et dans lequel on a déjà fait fondre son ultime bombe de bain, celle qu'on gardait pour une occasion spéciale (épilation des mollets/départ de la belle-famille) en salivant d'anticipation.

Alors évidemment, pour l'Homme, c'est compliqué… Pas de bisous, pas de câlins, mais par contre des « Non pas toi.

Maman ! » en veux-tu en voilà et ceci, malgré des heures passées à faire la fusée intergalactique à bout de bras, à apprendre la langue du « ghi », à mijoter des recettes de chef toujours réduites en bouillie. Résultat : l'acquisition de cet amour apparemment illimité s'est immédiatement traduit par un dialogue intérieur que j'aurais bien aimé m'épargner.

Moi 1 : Ah là là là là, le divin enfant m'a fait son premier bisou aujourd'hui (comprendre gluer sa bouche grande ouverte sur l'intégralité de ma joue, déverser les litres de bave contenus à l'intérieur en cette période de poussée dentaire, retirer sa bouche en laissant dégouliner le reste du liquide présent sur le seul pull propre qui restait dans mon armoire – mais était-il vraiment encore propre ? – pousser un « ghiiii » géant de satisfaction, puis hurler pour une raison inconnue). Cœur avec les doigts, bouffée d'amour, love, love, love, blablabla.

Moi 2 : Ouais, c'est super, mais en même temps, elle n'en a pas fait à l'Homme. C'est dur pour lui en ce moment entre le rejet par l'enfant et les courbatures d'épaules post-session de jeu interstellaire…

Moi 3 : Nan, mais hé, ho, je t'arrête tout de suite, hein ? Le bisou dégueu, je l'ai mérité. C'est le résultat de toutes les nuits interrompues quatre, cinq, six fois, des heures pendues au nichon, des kilomètres parcourus à me massacrer le dos parce qu'il n'y a que le porte-bébé qui la calme, les 12 000 squats sur l'air de *Bohemian Rhapsody* au détriment de mon périnée pour enfin obtenir un petit sourire. Ce bisou, je l'ai gagné au prix de mon incontinence. Il est à moi, à moi, À MOI !

Moi 1 : *(En quête d'un mouchoir dans le sac à langer pour éponger son pull.)*

Moi 2 : Nan, mais attends, c'est pas cool ! O.K., tu t'en occupes, mais franchement, on dirait des passagers du RER à l'heure de pointe pré-Covid-19 : vous êtes tout le temps tellement collées que l'Homme sait pas où se glisser. Franchement, elle est où sa place de papa, là ?

Moi 3 : Ben tu vois bien, quand il la lave, la sèche, lui donne à manger, quand ils font le vaisseau *Star Wars*… C'est bon, il l'a sa place là. Je vais pas me battre pour qu'elle arrête de me rouler des pelles : c'est comme ça, on a partagé un utérus et deux seins, on se kiffe, on se comprend, on se love. Tu veux que je fasse quoi ?

Moi 1 : *(Arrive enfin à toucher le fond du sac à langer. Plus de mouchoirs, seulement la vieille lingette d'hier... ou peut-être d'avant. Renifle la pièce à conviction. Ça pue pas trop, elle a dû servir pour le goûter. Ça fera l'affaire.)*

Moi 2 : Ben, peut-être que tu pourrais les laisser un peu plus souvent faire du papa-bébé bonding et pas lui refiler que les corvées ? Peut-être que tu pourrais arrêter d'intervenir parce que t'estimes qu'il tient mal sa cuillère ? Peut-être que…

Moi 3 : Nan. #désopasdéso.

Moi 1 : *(Soupir de soulagement.)*

Moi 2 : *(Soupir résigné.)*

Et pendant que je débats avec moi-même sur ma coolitude périnatale tout en vidant l'eau du bain qui n'était de toute manière plus à la bonne température, je croise l'Homme qui sourit tout en réglant la température de la douche sur glacé et se met en PLS sur le tapis de la salle de bains. Il va sûrement se couper les ongles des pieds. Je vais en profiter pour réclamer mon deuxième bisou de bébé.

CE QU'ON A APPRIS

O.K., trouver sa place de parents, ce n'est jamais évident, mais il y a quand même certaines personnes pour qui c'est plus difficile que d'autres (en l'occurrence, 99 % du temps, le père du charmant enfant). Et si parfois, il peut être tentant de savourer égoïstement la popularité nouvellement acquise grâce au petit dernier, il faut quand même garder à l'esprit que :

1. Quand chacun trouve sa place, tout le monde y gagne. Certes, vous aimeriez profiter des litres de bave généreusement offerts par la chair de votre chair, mais si vous apportez votre soutien à votre + 1 durant cette phase de « désamour », vous pourrez bientôt continuer à profiter des liquides buccaux de l'enfant, tout en savourant le bain tant convoité… Note par ailleurs sur ce point : l'enfant a largement assez de liquides buccaux pour deux.
2. La roue tourne : aujourd'hui, il vous roule des pelles mais peut-être que demain, il développera un bon complexe d'Œdipe/Électre qui vous reléguera – à nouveau – dans la division grassouillet(te) dont personne ne veut. Et dans ces cas, mieux vaut être le meilleur pote du capitaine d'équipe, qui fera peut-être un geste pour que vous ne restiez pas (dernier) sur le banc de touche.

Pour l'aider à trouver sa place de parent, je veille à...

• L'encourager.
O.K., la situation n'est pas facile à gérer aujourd'hui, mais demain elle le regardera avec ses petits yeux de « waouh, t'es le meilleur papa du monde avec ton tee-shirt Pikachu et tes cartes Magic ». (Nan, j'déconne pour les cartes Magic : c'est jamais cool. JAMAIS.)
En attendant, il faut juste qu'il ne se décourage pas !

• Arrêter d'interférer.
Ils ont des moments à eux ? Tant mieux, je me tiens à l'écart (au moins un temps) pour qu'ils en profitent pleinement... et j'en profite pour me faire couler enfin ce bain !

• Lui donner un coup de pouce.
Il cafouille, ne sait pas trop comment se positionner ?
Pas de problème, je lui donne des *tips* de pro (#mamamanmagnanime).

• Verbaliser.
Si je me sens exclu, je mets des mots dessus, je n'ai pas peur de dire que ça pique, que ça me peine. Rien de honteux là-dedans.

• Faire.
Cela ne sert à rien de dire que je me sens exclu en restant les bras croisés en attendant que Madame me confie une tâche pas trop relou (exemple, jouer avec l'enfant pendant moins de douze minutes). Être proactif, prendre en charge certaines activités permet de trouver ma place.

• Virer maman.
C'est notre moment à nous, pas à toi ! Va WhatsApper avec tes copines, regarder RuPaul sur Netflix, mais laisse-moi jouer avec l'enfant (mais reste pas loin au cas où...).

Les sacrifices

S'IL LE FAUT,
J'EN FERAI,
J'EN AI DÉJÀ FAIT
(MAIS PAS
LE POING
LEVÉ)

Tu as voulu un enfant donc…

- **A** ton voyage plongée en solitaire de trois semaines aux Maldives/tes beuveries entre potes/tes séances de douze heures au spa [rayer les mentions inutiles] n'est/ne sont plus une option !
- **B** notre voyage plongée de trois semaines aux Maldives/ nos beuveries entre potes/nos massages à deux [rayer les mentions inutiles] n'est/ne sont plus une option !
- **C** tes potes (de plongée, de beuverie, de bar à ongles), c'est fini aussi !
- **D** Vas-y, essaie de prononcer plongée/sortie pour voir ?

Je souffre en silence.

Métro-boulot-dodo. De base, la vie d'un jeune (bof) cadre dynamique (faut le dire vite) est rythmée par une routine dont s'extraire demande de la lucidité et une bonne force de caractère. Ajoutez à ce sacro-saint triptyque le lardono (qui au passage détruit la partie dodo de la sainte trinité) et vous obtenez une vie mieux connue sous le nom de « Oh tiens, on est déjà jeudi ? » ou encore « Avant, j'allais au musée/cinéma/boîte/café/restaurant, mais ça c'était avant… ».

D'un point de vue plus personnel, j'ajoute à cela qu'il n'y a rien de plus important pour moi que d'être avec celle(s) que j'aime. Je n'ai jamais cherché à « faire carrière », surtout si cela signifiait faire des nocturnes à répétition et je n'ai jamais préféré (peut-être à tort) aller boire des bières avec mes potes à rentrer auprès de ma douce.

Bref, face à cette merveilleuse combinaison de métro-boulot-marmot-dodo, garder un espace à moi, est vite devenu difficile dans ma vie de jeune papa. Certes il n'y avait pas grand-chose à sacrifier pour ma part : je ne fais pas de compétition de fléchettes tous les vendredi soirs, je ne suis pas un adepte de foot qui va au stade tous les week-ends, je n'ai pas d'entraînements d'Ironman® tous les matins entre 4 et 8 heures. Alors forcément, les renoncements étaient moins visibles, plus subtils : ne pas accepter un afterwork qui pour une fois faisait envie, renoncer à un projet boulot intéressant parce qu'il serait chronophage, manger encore des carottes parce que « il faut montrer l'exemple à l'enfant qui a une diarrhée »…

Rien de dramatique ? Pris séparément, non. Mais l'accumulation fait qu'à un moment mes décisions sont intégralement prises pour être présent auprès de V. et de l'enfant, sans que cela ne soit perceptible et donc perçu.

En atteste un de nos merveilleux échanges :

— Tiens au fait, dans deux semaines je passe le week-end avec mes copines à Paris, je l'ai bien mérité.

— Si tu veux mon cœur, essaie de ne pas rentrer trop tard dimanche soir que l'on passe un moment ensemble.

— Faut toujours que je fasse des efforts alors que je m'occupe de tout.

— Tu sais, quand je pars en déplacement pro à 5 heures du matin, c'est pour rentrer tôt et être avec vous le soir.

— GENNNREE, tu fais des efforts…

— Oui. Et par exemple, je ne vais pas aux afterworks.

— C'est parce que tu n'aimes pas ça et tu n'aimes pas tes collègues en plus !

— …

Il est exact que ma collègue allemande qui est passionnée de pêche à la mouche et de danses bavaroises n'est pas chère à mon cœur, mais les autres je les aime bien. Suffisamment pour aller boire un verre de temps à autre. Mais ils sont moins importants que V., que E., alors je rentre tôt et je ne parle pas de l'afterwork Oktoberfest qui va alimenter les discussions de café pendant un mois (surtout si Lisa se fait pécho par Tim). Même si cela crée des malentendus, des tensions, je suis plus heureux avec ces quelques sacrifices qu'en découvrant les chorés endiablées de Schuhplattler*.

* Moment culture-confiture : le Schuhplattler est cette choré que seuls les Allemands en état certain d'ébriété étaient à même d'inventer, à savoir la danse traditionnelle bavaroise toujours réalisée en salopette bermuda en velours côtelé, chaussettes hautes et pichet (à la main). #oumpapa

Des sacrifices, où ça ?

Les sacrifices quand on est jeunes parents, c'est un peu comme l'acné chez les ados : c'est un passage obligé et franchement, c'est pas joli-joli à voir. Alors, évidemment, il y a ces couples apparemment parfaits en mode « peau qui n'a jamais côtoyé un tube de Neutrogena » et qui vous diront qu'ils n'ont rien changé à leur vie d'avant si ce n'est qu'ils sont encore plus heureux, qu'ils n'ont jamais connu l'ombre d'un comédon dans leur vie familiale rose bonbon. Tant mieux pour eux ! #mêmepasmal

Chez nous, cela n'a évidemment pas été le cas. Au contraire, la naissance du divin enfant a été l'occasion pour nous de réaliser, que comme les boutons disgracieux de ces années qu'on aimerait parfois oublier, il y avait différentes sortes de sacrifices, à savoir :

↪ Le gros effort flamboyant, celui qu'on ne peut pas rater comme le bourgeon sur le nez au milieu de la figure.

↪ Le renoncement plus discret, voire carrément insidieux, celui que personne ne voit parce qu'il n'est pas évident, mais qui fait quand même mal, le temps d'exploser au grand jour.

Mes sacrifices à moi étaient plutôt de la première catégorie : quitter mon taf, changer de pays, suivre l'Homme dans son évolution de carrière avec la perspective d'être pendant quelques mois une *desperate/real housewife* en moins bien gaulée/botoxée. Bref, avec la naissance, j'avais la sensation de m'être enkystée dans une vie douce-amère. L'avantage de la situation : je pouvais en remettre des couches et des couches à chaque altercation, trouver en notre situation l'excuse parfaite pour clore tout débat autour de mes week-ends d'apéro hyper-progesteronés… Bref, aussi pénibles semblaient-ils, les sacrifices avaient bon dos.

L'Homme, lui, faisait plutôt des sacrifices de la seconde catégorie, à savoir ces efforts du quotidien, ces petites violences à soi-même pour l'intérêt général (d'E. et moi) qui passent complètement inaperçues. Le petit verre vite fait avec les collègues après le boulot ? Nan, il doit rentrer, il a 12 couches à changer et une moitié à consoler. Le projet de boulot qui le fait (enfin) palpiter ? Ah ben toujours pas, parce qu'il ne faudrait pas qu'il rentre après 18 h 03. Bref, toute une série de renoncements que personne ne remarque et qui ne pèsent donc jamais dans la balance de nos disputes. Après tout, difficile de dire, « Mais regarde, je suis pas allé à l'Oktoberfest du boulot ! » quand l'autre vous assène un « Ouais, mais toi au moins, t'as encore un boulot ! » (sous-entendu, évidemment, je n'en ai plus à cause de toi/l'enfant/tout l'univers tant que je n'ai pas à m'en prendre à moi).

Bref, dans notre délicieuse métaphore filée sur l'acné, c'est la crise de zona dans le dos *vs* Le bouton sur le front. Le front gagne toujours car personne ne voit le dos !

CE QU'ON A APPRIS

Le problème avec le sacrifice est double. D'abord, il est extrêmement subjectif… Ce qui est vécu par l'un comme un renoncement douloureux, peut sembler à l'autre insignifiant, voire risible (le Schuhplattler, pour prendre un exemple au hasard) et générer ainsi des tensions, voire des prises de bec selon l'importance que chacun accorde auxdits efforts.

Ensuite, ce qui peut paraître un sacrifice à première vue… n'en est pas toujours un ! Chez nous, ce qui semblait à vue de nez un renoncement énorme (lâcher un job reluisant sur le papier) était en réalité une occasion rêvée de dire *fuck* à un taf honni et un cadre de vie devenu insupportable avec une excuse parfaite pour se lancer dans une nouvelle aventure à l'étranger avec un bébé. Bref, il peut être souvent tentant de confondre sacrifice et choix de vie, qui certes peuvent être difficiles, mais qui ont (normalement) été pris d'un commun accord pour avancer ensemble dans la direction espérée. Inutile, dans ce cas d'argumenter : ces vieux dossiers… n'en sont pas ! Bref, le plus important est avant tout de faire preuve d'un peu d'objectivité pour rester en paix (durablement) avec sa moitié.

Face à ses sacrifices, je tente de...

• Reconnaître ses efforts.
Il a le mérite d'en faire et les fait seulement pour nous. Alors, je dis merci, et c'est tout !

• Me mettre à sa place !
Certes, sur le papier, ses compromis me semblent faciles, anodins, mais pour lui, qu'en est-il vraiment ? Est-ce que si j'étais à sa place, je ne serais pas dépitée de rater le pot du boulot ou triste de devoir renoncer à un super projet ? Il y a fort à parier que si...

• Ne pas être dans la surenchère !
On ne cherche pas à trouver qui est celui qui se sera le plus sacrifié pour la communauté, mais à reconnaître comment chacun œuvre pour le bonheur de la famille.

• Être en paix avec mes choix.
Inutile de ruminer ! Ces choix, parfois difficiles, sont l'occasion pour nous d'avancer. Ils n'ont pas à me frustrer. Je les ai faits en connaissance de cause.

• Reconnaître ses sacrifices.
Ils ne sont pas bien durs à voir, elle les porte tels des stigmates, voire des médailles de guerre. Alors je dis merci.

• Être classe (un peu).
Elle fait remarquer qu'elle s'est levée deux fois cette nuit... je ne réponds pas « j'ai bossé en cachette jusqu'à 3 heures du matin pour compenser les départs du boulot à 17 heures, pov' naze ».

• Être transparent.
L'afterwork ou le projet « Licorne zébrée » sont importants pour moi et je ne compte pas les sacrifier ? On en parle, on trouve une solution équitable ensemble (ce sera équitable vu qu'elle me le fera payer X 3 !).

MAIS JE SUIS QUI DE NOUVEAU, MOI ?

Quand vous vous regardez dans le miroir, vous vous dites :

Ⓐ Yeah !

Ⓑ Bouh !

Ⓒ Qui c'est ?

Ⓓ Aucune des réponses ci-dessus.

All I want for Christmas is... me !

Tordons, une bonne fois pour toutes, le cou à une idée reçue : non, tous les hommes ne sont pas des buses en multi-tasking et toutes les femmes ne savent pas naturellement faire plusieurs choses à la fois. Notre couple en est l'exemple parfait : l'Homme sait travailler sur son ordi, regarder des jeux vidéo en streaming sur son portable, participer à une *conf call,* écouter la radio et peler des carottes en même temps... Le tout absolument parfaitement !

De mon côté, il faut que je respecte une distance de sécurité d'une semaine entre l'écoute de ma playlist « bouge ton *booty* sur des rythmes de boys band des années 1990 » et tout dossier pour que je puisse enfin me reconcentrer. Résultat : quand il a fallu que je gère, avec l'arrivée du divin enfant, plusieurs rôles en même temps (maman/gestionnaire de maison/membre à moitié vivant d'un couple/employée d'une entreprise qui se la pète en mode 2.0/amie qui redonne signe de vie), j'ai littéralement buggé. Mais pas discrètement dans mon coin, hein ? J'ai déraillé en mode Mariah Carey qui a besoin de payer ses impôts, qui sort de son manoir et de son silence, décolleté et vocalises à l'appui pour aller donner un concert chez un dictateur d'un pays obscur de l'ex-URSS. Bref, j'ai craqué en mode diva, mais vu mes talents pour pousser la chansonnette, la situation s'est essentiellement résumée à beaucoup pleurer.

Et si la crise me paraît aujourd'hui bien lointaine, sur le moment, elle semblait complètement, absolument, parfaitement justifiée. Face à la montagne de rôles que je devais mener de front tout en étant (convaincue d'être) incapable de le faire, je n'étais plus personne. La preuve en un tableau que j'aurais fait sous Excel avec un plaisir mal dissimulé si je n'avais pas eu une couche à changer.

avant	après
J'avais un poste à responsabilités, j'étais cheffe (sympa) dans une entreprise qui frime sec en mode 2.0. Bref, j'étais une *working girl* en mode *warrior* avec ma clique de collègues cool. On n'avait pas vu ça depuis *Lolita malgré moi* tellement on était #badass.	Je n'avais pas bossé depuis neuf mois, ce qui dans mon milieu revient à être aussi déconnectée de la vie que ma grand-mère qui ne connaît pas Google et me demande de ses nouvelles régulièrement parce que je lui ai dit une fois qu'il était mon ami. Bref, j'étais tellement *out*, que quand un projet de restructuration de l'équipe a été mené pendant mon congé parental, mon boss a « oublié » de me proposer le poste alors que j'étais la manager de l'équipe depuis cinq ans et a préféré recruter en externe. Bref, professionnellement, j'étais devenue une *nobody*.
J'étais la maman de mes collègues, de mes amies, de leurs enfants par intermittence… le tout à grand renfort d'empathie et de cookies. Bref, j'étais *in da* place de la maternité sans en avoir les contraintes #tastoutcompris (même sans avoir Free).	J'étais vraiment maman, et c'était complètement terrifiant (voir pages 1 à ici). J'avais l'impression d'échouer lamentablement à un truc que tout le monde arrivait à faire (ma mère l'avait fait quatre fois sans rééducation du périnée !). Bref, maternellement, j'étais une *nobody*.
J'étais la grande prêtresse de la sexualité débridée, la Nadine de Rothschild du couple épanoui (les bonnes manières, ça me connaît), la Kim Kardashian blonde et moins callipyge de mon Kanye West caucasien geek qui ne saurait pas citer une chanson de Kanye…	J'étais tellement crevée que : ✶ L'effort de lancer le replay de *Top Chef* me suffisait à m'endormir alors que c'était notre seule *date night*. ✶ L'effort de simplement penser au sexe et aux bonnes manières me faisait ronfler. ✶ J'aurais pu me vider un sac de plâtre sur la tête que je n'aurais pas réussi à cacher mes cernes et à retrouver mon sex-appeal. Bref, en couple aussi, j'étais une *nobody*.
J'avais tout un tas d'ami(e)s : les amies de boulot et d'apéro, les amies d'enfance et de dîner au resto, les amis de couple et de brunch, les amies de lycée et de goûter. Bref, tout un agenda de ministre rempli de rendez-vous parfaits pour ~~bitch~~er papoter et manger.	Adieux goûters, apéros, dîners, brunchs… Difficile de caler des rendez-vous quand on ne sait plus tellement à quel moment de la semaine on est… Heureusement, il y a WhatsApp, mais niveau sorties aussi, j'étais une *nobody*.

Au bout de quelques mois de maternité, j'étais bien obligée de me rendre à l'évidence : j'avais l'impression d'avoir dû renoncer à moi-même... Et évidemment, ce sentiment latent de vacuité se répercutait sur toutes mes relations : l'Homme (désespéré), mes amies (en manque de nouvelles) et surtout ma relation privilégiée à moi-même. Mon estime de moi frisait les pâquerettes... Normal, je ne savais plus qui j'étais.

SON DÉBRIEFING à LUI

J'ai pas trop changé en fait... mais on va garder la photo Facebook* d'il y a quinze ans.

« Je n'ai pas changé
Je suis toujours ce jeune homme étranger
Qui te chantait des romances
*Qui t'inventait des dimanches**... »*

On ne va pas se mentir, la parentalité, ça change beaucoup de choses, des plus anecdotiques aux plus intimes. Et le bouleversement le plus brutal et profond est le rapport que l'on peut avoir à soi-même et plus particulièrement...

---

* Note de la coauteure (désespérée) : oui, l'Homme est encore sur Facebook... #dinosaure

** Toutes générations hors baby-boomers > Google > Search : Julio Iglesias + communiqué officiel de la coauteure : « Malgré tout l'amour ressenti pour sa moitié, l'auteure se voit dans l'obligation, au regard des récents événements qui ont mené Monsieur à citer Julio Iglesias, de se désolidariser et de rappeler qu'elle ne cautionne en aucun cas ce type de référence. »

avant 	après 

Physiquement

avant	après
✱ Un jeune éphèbe vif et fringant.	✱ Pris deux kilos (surtout sur les hanches).
✱ Un visage poupon d'un enfant souffrant de progéria.	✱ Des cernes jusqu'au menton.
✱ Capable de courir le 100 mètres en moins de deux minutes.	✱ L'incroyable talent de pouvoir courir de l'entrée de l'appartement à la chambre de l'enfant en moins de deux minutes.
✱ Toujours d'attaque pour les soirées interminables jusqu'à 22 h 30.	✱ Tendance à être toujours d'attaque pour les soirées interminables, mais jusqu'à 20 h 30 et le week-end seulement.

Intellectuellement

avant	après
✱ Vif et fringant aussi (mais mieux).	✱ Gné ? (dormi deux heures cette nuit).
✱ Super calé en culture G : j'avais vu l'intégralité des films à l'affiche sur les dix dernières années.	✱ Vu l'intégralité de la page d'accueil de Netflix sur les douze derniers mois (et endormi avant de choisir un film).
✱ Capable de parler de la querelle Freud *vs* Jung avec une passion mal dissimulée.	✱ Réussi à parler à Mme F., la puéricultrice de la crèche de E., même si elle dit « merki ».

Ambition

avant	après
✱ Prêt à m'installer à Kuala Lumpur pour quelques années.	✱ Finalement l'impression que Guéret dans la Creuse c'est pas si mal pour élever un enfant.
✱ Déjà l'auteur de trois manuscrits cachés sur le disque dur de mes ordinateurs.	✱ L'équivalent de quarante-huit heures de comptines sur le disque dur de mon portable.
✱ Vraiment trop sur Diablo 3.	✱ Toujours tendance à passer trop de temps sur Diablo 3 (mais c'est pour endormir l'enfant).
✱ En quête constante du travail de mes rêves où je pourrais déployer mon immense potentiel (pas encore identifié).	✱ Décidé que si le boulot me permettait de rentrer à 18 heures, de payer les factures et de ne pas trop m'ennuyer, c'est déjà très bien.

Bref, le moi post-partum, c'est moi qui me rends compte que le petit truc mignon de quelques décimètres que je tiens dans mes bras (je parle de l'enfant, hein ?) est au centre de plein de choses bien plus fondamentales qu'avant. Que je l'ai choisi. Et qu'en dehors de ces 2 kilos (sur les hanches), le reste me va relativement bien.

Et pour V. ?

« Et toi non plus, tu n'as pas changé
Toujours le même parfum léger
Toujours le même petit sourire
Qui en dit long sans vraiment le dire
Non, toi non plus tu n'as pas changé. »

… Si seulement elle aussi le pensait.

CE QU'ON A APPRIS

Certains diront que c'était #obvious, qu'on enfonce des portes ouvertes… Mais il a bien fallu nous rendre à l'évidence : on n'est plus JAMAIS le/la même quand on devient parents. Parfois, la transition vers ce nouveau soi se passe en douceur. Comme l'Homme, on se regarde dans le miroir et on se dit : « Ouh, t'es pas mal toi ! » Et parfois, ça coince… Parce que devenir parents impose forcément de faire le deuil de la personne qu'on était avant. Et quand on la kiffait ou qu'on tendait à l'idéaliser, il peut être difficile de la laisser partir. Pourtant, c'est là le premier pas pour se redécouvrir.

Pour accepter ce nouveau moi « parent », j'essaie de...

<table>
<tr><th></th><th></th></tr>
<tr><td>

• Faire un tour dans le passé avec objectivité.
Je trouve que j'étais mieux avant ? Mais ce moi d'hier était-il vraiment aussi parfait ? Est-ce qu'il n'était pas complètement désespéré de ne pas avoir de bébé, stressé par un boulot qui le vidait ? J'y pense et je relativise.

• Voir le positif.
Qu'est-ce qui est bien avec ce nouveau moi maman ? Je suis plus débrouillarde, plus à l'écoute, plus centrée sur ce qui est vraiment essentiel. Et si finalement, ce nouveau moi, il n'était pas pire ?

• Avoir un regard extérieur.
Rien à faire, je pleure la personne que j'étais ? Et si je demandais à mes proches comment ils trouvent que j'ai évolué avec la parentalité ? Si je me voyais à travers un regard bienveillant (pour une fois) ?

</td><td>

• Faire un bilan.
V. et moi avons choisi d'avoir un enfant. Nous avons eu le temps d'y penser. J'ai eu le temps de faire un point : ce qui est important pour moi dans ma vie, ce qui prioritaire. La carrière ? La famille ? Cela pose les bases pour avancer sereinement.

• Partager.
Le deuil de la vie de jeune insouciant est difficile... pour elle aussi (enfin, surtout). On en parle, on discute.

• Profiter !
Les regrets ne servent pas à grand-chose à part à se faire mal. La nouvelle vie apporte plein de nouvelles joies, de nouveaux moments de douceur. Le premier mot de l'enfant vaut sans doute plus que la médaille d'employé du mois.

</td></tr>
</table>

CONCLUSION

À entendre certains parents, on pourrait croire qu'un enfant — et *a fortiori* un bébé — serait un outil de développement personnel plus précieux que le dernier livre de Christophe André. Mon bébé m'a changé, mon bébé a révolutionné ma vision de la vie, mon bébé m'a donné de vraies priorités… O.K., c'est vrai, devenir parents, c'est souvent s'ouvrir à de nouveaux horizons d'épanouissement qu'on ne soupçonnait pas jusque-là !

Mais voilà, avant la grande révélation du nourrisson, avant l'Épiphanie du parent épanoui, avant de se redécouvrir soi-même, mais en mieux, il y a parfois une certaine phase passée à encaisser. Encaisser quoi ?

- Encaisser les coups durs : le baby et le daddy blues, la dépression périnatale, ou plus simplement l'immense fatigue, qui sont autant de moments difficiles à passer où chacun peut se perdre dans des émotions pas très jolies, voire carrément *dark*.
- Encaisser qu'on s'est perdu… et qu'on ne va jamais vraiment se retrouver : la place qu'on cherchait dans ce nouvel univers à trois (ou plus) ? Toujours pas trouvée ! La personne qu'on était avant ? Définitivement paumée…
- Encaisser que les efforts et les sacrifices réalisés ne seront peut-être jamais suffisants. Renoncer à se faire plaisir

(de la même manière), à une partie de sa vie (qui n'était finalement pas si importante) sans qu'on vous dise merci et qu'on vous donne une médaille, c'est aussi cela parfois devenir parents !

Et finalement, ce n'est là qu'un début : des bonnes vieilles claques de la parentalité, vous allez vous en prendre pendant des années… Alors autant s'habituer ! La preuve : quand votre enfant viendra vous voir à 4 ans en vous disant « quand je serai grande, je veux devenir fée-licorne-comptable », vous vous demanderez si vous êtes la réincarnation de Pol Pot pour que la vie vous punisse ainsi, mais vous encaisserez. Quand la maîtresse de maternelle vous dira que votre petit génie n'a rien compris aux tangrams et n'est vraiment pas très fort en « boucles » (malgré toute son application pour les tracer, petite langue sortie en signe de concentration à l'appui), vous remettrez peut-être en question la qualité de votre propre patrimoine génétique (et l'objectivité de l'institutrice), mais là encore, vous encaisserez et vous continuerez à avancer !

Et cette capacité de résilience sera le signe que vous, en tant que parent et individu, grandissez, apprenez de la vie en comité élargi, devenez vous en mieux (car au moins vous vous remettez en question). Reste qu'en attendant de devenir un vieux sage de la parentalité, il va falloir reprendre confiance en vous après quelques mois où vous aurez été peut-être un peu ébranlé. En la matière, il y a évidemment 1 001 solutions (voir un psy, se mettre à l'Ironman®, devenir actionnaire d'un chocolatier influenceur avant la pénurie mondiale de cacao). Pour nous, retrouver notre individualité est passé par un gros travail à deux (curieusement). Apporter son soutien quand l'autre touche le fond côté émotions, aider son + 1 à trouver sa place dans un duo un peu trop collé-serré, reconnaître les efforts et les sacrifices réalisés pour la famille, montrer à l'autre que non, malgré tout, il n'a pas vraiment changé et qu'il/elle reste cette personne qu'on a tant aimée… Ce sont toutes ces petites choses qui ont fait que finalement, au bout de quelques mois, on a chacun pu se retrouver soi et s'aimer comme il se doit.

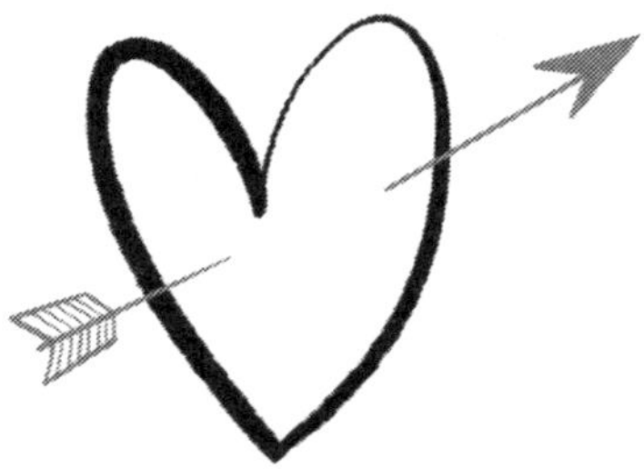

Chapitre 4

NOUS VS LES AUTRES

On aurait dû s'en douter... Quand notre divine enfant est née, il y allait forcément avoir du bruit, pas forcément des hautbois qui jouent et des musettes qui résonnent. Mais en tout cas, nous n'allions pas être seuls à chanter son avènement ! La famille et les potes dans un premier temps, les collègues, le boucher du coin et le chauffeur de bus de la ligne 21 dans un second : tout le monde avait un mot à dire sur notre nourrisson mignon et semblait vouloir interférer dans notre fusion... Impossible de rester seuls au monde avec notre petit Wilson[*] à nous.

Face à ce constat, nous nous sommes naturellement engagés à défendre chacun notre école de pensée (il ne faut jamais laisser passer l'occasion d'un bon débat philosophique dans le couple, jamais).

En disciple inconditionnel de Sartre, l'Homme a bien sûr cherché à prouver par A + B que l'enfer c'était les autres. Pour

* O.K., le film de Robert Zemeckis commence à dater, mais cela vaut toujours le coup de demander à Google. Ne serait-ce que pour vous offrir un petit moment de culture-confiture.

lui, la famille, les collègues et même les amis (comprendre tous les potes sauf les siens) étaient, *A PRIORI*, autant d'éléments perturbateurs venus court-circuiter notre petit bonheur.

À l'opposé du spectre de la dialectique, j'ai défendu, en digne adepte des petits poneys, tous les chevaux de mon troupeau. Car eux seuls me permettraient de gambader dans le pré (pas tout à fait vert) de la parentalité, de partager mes petits bonheurs et grands malheurs, pour remettre une bonne dose d'arc-en-ciel dans mon petit cœur.

Bref, une fois n'était pas coutume, nous n'étions pas vraiment accordés, en l'occurrence sur la place qu'il fallait laisser à ceux qui étaient déjà fans de notre bébé (et les autres). Comme d'habitude, on a tâtonné, on s'est engueulés et on a fini par constater qu'on ne pouvait qu'être des parents plus heureux en s'ouvrant à l'altérité !

« Vous en reprendrez bien une louchette ?? »

Votre moitié vous annonce que sa mère revient vous voir pour la 12e fois en deux mois. Comment réagissez-vous ?

- **A** Yeah !
- **B** Argh !
- **C** Hein ?
- **D** Aucune des réponses ci-dessus.

Yeah !

La famille chez moi, c'est un peu comme la raclette : y en a toujours trop, on sait qu'on devrait s'arrêter, pas mélanger et pourtant, c'est impossible, c'est trop bon, donc on continue jusqu'à s'en rendre malade... Et on oublie juste le temps de re-re-recommencer et de se jurer de ne plus jamais s'y laisser prendre.

Et cela a toujours été comme ça : à quatre filles dans un appartement de ville, ça débordait tout le temps. Les Barbie décapitées, les têtes à coiffer gribouillées, les poux partagés, les règles synchronisées, les crises pour les fringues piquées... La vie à la maison était à la fois totalement indigeste et absolument délicieuse pendant des années. Et comme toutes les bonnes choses grasses, sucrées et industrielles de préférence, elle était complètement addictive. La preuve : j'ai quitté le nid à 25 ans, soit presque huit ans après que l'Homme ait fui sa colonie à lui, et surtout, j'ai toujours eu besoin de « binge-profiter » de ma famille régulièrement, de retrouver les saveurs excessives de mon enfance aussi souvent qu'une ado au cœur brisé a besoin de chocolat. Bref, mon clan et moi, c'est une longue histoire de boulimie émotionnelle.

Et face à cette famille débordante, envahissante et parfois un peu lourde, l'Homme a eu, dès le début de notre relation, l'estomac bien accroché. Il a plutôt bien toléré les invasions régulières de notre intimité et n'a eu qu'une ou deux crises de foi(e) après des séjours un peu trop prolongés qui m'ont laissé à moi aussi un goût amer (voir à ce titre le drame de l'anniversaire suprise). Mais tout cela, c'était avant la naissance du divin enfant.

Car évidemment, dans ma famille, l'arrivée d'une nouvelle fille (car chez nous, on ne fait que des filles, de génération en génération*) enclenche inévitablement le mode hystérie avec des arrivages massifs et rapprochés, un engorgement de la maison, des abus de cris d'extase et de gazouillis. Ma tasse de thé, mon kif, ma raclette party. Par contre, pour l'Homme, qui vit sa famille à lui en mode diète, c'est l'indigestion.

SON DÉBRIEFING à LUI

Ta mère, ça va mais...

Posons (à nouveau) les bases : je ne suis pas un *family guy*. Enfant (presque) unique, les réunions de famille étendue ont toujours relevé pour moi plus d'un Guantánamo que d'un plan Club Med des Maldives.

Du coup, je perçois la famille comme un café gourmand. Autour d'un café soit trop dilué, soit brûle-gueule (nous en période de crise), s'articulent sans grande cohérence la délicieuse mousse au chocolat maison, l'infâme baba au rhum qui a traîné trop longtemps dans la vitrine, la madeleine douce et généreuse et le fraisier déconfit qui n'aurait jamais dû sortir du congélateur (soit le reste de la famille). On le prend faute de mieux sans vraiment choisir après un repas peu digeste.

Par conséquent, j'ai un léger frisson lorsque la conversation suivante a lieu :

— Mon chéri, tu te souviens que maman arrive le 2 et reste jusqu'au 26 ?

— Le 2 genre… demain ?

* L'Homme a d'ailleurs élaboré une théorie selon laquelle les femmes de ma famille sont dotées d'un patrimoine génétique mutant capable d'annihiler tout chromosome Y s'introduisant dans leur corps. On verra si *The Lancet*/Michel Cymès daigne confirmer.

— Tu n'écoutes rien ! Je te l'ai dit au moins une fois il y a quatorze mois !
— …
— E. *(ou la petite sœur sympa)* arrive aussi le 2 mais repart le 8, c'est dommage elle va rater C. *(soit l'envahisseuse)* qui vient avec sa famille du 9 au 15 mais peut-être jusqu'au 17, puis la dernière qui vient du 15 au 31 parce qu'elle a moyen le moral.
— *(Mode position fœtale sous une douche froide :* ON.*)*
— Et voilà, tu fais encore la tête parce que ma famille passe un peu ! Ton père est venu deux jours il y a six mois et je n'ai rien dit !
— …

C'est généralement à cette étape que mon cerveau me dit que le café, sans la partie gourmande, aurait largement suffit. Ou juste la mousse au chocolat. Car, en étant un tantinet honnête, c'est bien la mousse au chocolat, ça peut garder l'enfant pendant deux ou trois jours pendant que j'emmène Madame en week-end pour se reposer loin de notre maison envahie…

CE QU'ON A APPRIS

La naissance d'un bébé, c'est toujours la porte ouverte au grand déferlement. La famille rapprochée, la famille élargie, la vieille tante trop parfumée qu'on avait un peu oubliée : tout le monde veut découvrir la nouvelle petite merveille, idéalement dans la tradition chère à chacun. Et c'est là que le bât blesse : les besoins des nouveaux parents ne sont pas toujours les mêmes en la matière, ce qui peut vite (mal) tourner. Bref, dans ces premières semaines où la fatigue s'ajoute au besoin de se retrouver en petit comité, il est important de s'aligner.

Quand nos besoins de famille ne sont pas les mêmes, on tâche de...

• Faire (toujours et encore) preuve d'empathie. Bon O.K., j'ai besoin de prendre un bain de progestérone et de bisous familiaux, mais ce n'est pas son cas. Je n'oublie pas de me mettre à sa place. **• Faire un planning partagé des visites.** Il a tendance à ~~être dans le déni~~ oublier... Autant lui donner un outil pour se préparer. **• Espacer les visites.** Il a besoin d'un peu d'air. Je le respecte. **• Expliquer à la famille.** Évidemment, elles sont pressées, mais il va falloir s'organiser, à notre rythme (en tenant compte de celui de l'Homme aussi) !	**• Voir le positif.** La famille, la sienne, c'est un moment où plein de gens vont pouvoir s'occuper de l'enfant ! Je planifie des moments à deux ou à moi et je vois le verre à moitié plein ! **• Poser (diplomatiquement) des limites.** Non, six mois à 12 dans 63 m² n'est pas sain pour la santé mentale d'un être humain normalement constitué ; non, je ne compte pas faire le petit déjeuner/déjeuner/dîner pour 12, sept jours par semaine sans aide. Donc on établit les règles pour que cela se passe bien. **• Expliquer ce dont j'ai besoin.** O.K. pour la famille, mais en respectant mon temps perso à moi loin de tout.

Vous avez Dit ?

#teamfamille

Le nombre de membres de votre famille ? Il tient malheureusement sur les doigts d'une main (de lépreux)… Et avec l'arrivée de l'enfant cela…

- **A** va finalement mieux : votre famille maintenant c'est lui/elle et l'enfant.
- **B** fait remonter des choses enfouies qui picotent le cœur.
- **C** ne pose pas de problème : vous avez vos potes.
- **D** Aucune des réponses ci-dessus.

Je m'appelle J., J. sans famille.

Dans tous les couples, il y a des disparités ou des inégalités. Madame fait le travail de ses rêves. Monsieur a des potes surcool… Avec V., j'ai l'impression – peut-être naïve – que cela a toujours été géré de manière assez diplomatique en en parlant, en partageant certaines frustrations, certaines envies.

L'une des disparités les plus fortes entre V. et moi est qu'elle a une famille fournie… une famille tout court, en fait. De mon côté, j'ai… mon père. Que j'aime de tout mon cœur. Mais il compose la seule famille proche avec qui j'ai des relations intimes.

Jusqu'à la naissance d'E., ce déséquilibre ne m'avait jamais posé de problème, sauf lors de quelques envahissements sporadiques de la famille de V. durant lesquels l'option de boire une bouteille de javel pure devenait totalement raisonnable.

Puis l'enfant est arrivée. J'ai vu la joie immense et absolue de l'intégralité de la famille de V. (mère, père, sœur 1, sœur 2, sœur 3, cousin Machin, oncle Fétide…). J'ai aussi vu V. pouvoir partager ses peines et ses interrogations avec toute cette joyeuse bande.

Du coup, j'ai ressenti le besoin de trouver un certain équilibre, d'avoir les « miens » autour de moi (mon père, les potes) tout en pensant à ma mère disparue trop tôt pour connaître sa petite-fille. Il a été très dur pour moi d'en parler pour deux raisons.

- C'est compliqué (psychologiquement, socialement…) d'accepter de ne pas se sentir transporté par l'allégresse après la naissance de son premier enfant.

* À ce moment exact, il est encore plus complexe de dire à son *significant other* : « Calme ta oij, j'ai besoin de toi là, ça ne va pas tip top. »

Finalement, j'ai l'impression d'avoir été maladroit, de ne pas avoir su parler de ce ressenti avec celle que j'aime. Laissant sans doute place à de l'incompréhension. Il a fallu presque deux ans pour que nous abordions le sujet, que cela sorte comme une diarrhée que même notre fille ne pouvait pas égaler.

Mais aujourd'hui, il y a un équilibre : notre cellule familiale, nos amis, nos familles. C'est un tout avec des composantes que l'on cherche à mettre en harmonie. Il y a de temps à autre un bruit de casserole, un faux accord. Mais globalement, ça marche.

SON DÉBRIEFING à ELLE

Je m'appelle V., V. avec famille… et sans empathie.

S'il y a bien un sport universel à l'heure de l'apéro entre copines, c'est bien le belle-mère *bitching* (#BMB) soit l'art périlleux de déverser son fiel sur la mère de sa moitié tandis qu'aucune des parties concernées n'est évidemment là. En la matière, j'ai toujours été extrêmement mauvaise. C'est simple, si le BMB était un poulet, j'aurais été un vieux nugget de KFC. Pas que je ne sois pas capable d'être une langue de put(ois), bien au contraire. Non, mon vrai problème est que j'ai eu la chance d'avoir une belle-mère parfaite et partie bien trop tôt. Impossible de cracher : je ne pouvais que l'adorer.

La perdre a été une blessure profonde sur laquelle l'Homme a mis un pansement de super-héros pendant quelques années, en mode #mêmepasmal. Mais malgré toutes ses fanfaronnades, il y a des moments de vie, qui même s'ils sont heureux, viennent gratter ces plaies mal soignées. Et l'arrivée du divin enfant en a fait partie. L'Homme, lui, a bien sûr fait comme si de rien n'était, tenté de recoller son sparadrap Batman tout en proposant des verres d'eau à qui voulait bien en prendre (donc personne) en salle d'accouchement. Mais il y avait derrière son regard de bonheur, ce petit quelque chose qui m'a brisé le cœur.

Comment est-on censé se réjouir du plus beau jour de notre vie quand celui qu'on aime est malheureux comme les pierres* ? Sur le moment, j'étais tellement prise par l'envie de pousser tout en préservant mon périnée (mon précieuuuux !) que la question ne m'a pas traversé l'esprit. Ce n'est que plus tard, quand l'invasion familiale s'est préparée que j'ai fini par tilter, les hormones ne favorisant pas l'efficacité cérébrale.

Retour sur mon dialogue interne du moment.

Moi 1 : *Alors Maman et E. le 2, C. & Co du 9 au 17 (parce que bon le 15, c'est juste pour que la pilule passe pour l'Homme), puis C. 2 du 15 au 31... Un mois de famille, c'est Noël, mais en mieux. Ghiiiiiiii !*

Moi 2 : *Oh, un mois pour refiler le bébé, pour pioncer, pour pleurer et se faire consoler. Un mois, pour déléguer, rigoler, repioncer... et juste souffler. #libéréedélivrée*

Moi 3 : *Biiiiiiiiiiiiiip (électroencéphalogramme plat, bébé m'a tueR, rendez-vous dans une autre vie).*

Moi 1 : *Bon évidemment, l'Homme va râler et faire son moine shaolin pour se planquer...*

Moi 2 : *M'en fiche. À moi, les siestes et les moments de paresse (ou presque) !*

---

* *Quid* philo du jour : comment peut-on avoir la certitude que les pierres sont vraiment malheureuses ? Prenez un petit galet échoué sur une plage perdue des Maldives : ne vivra-t-il pas une joyeuse vie de petit caillou ? Vous avez deux heures.

Moi 3 : *Re-biiiiiiiiiiiiiip.*

Moi 1 : *Ouais, mais quand même, il va penser quoi quand il va voir maman? Ça doit remuer des trucs pas très jojo pour lui tout ça.*

Moi 2 : *Mouais, pas faux. Mais à moi, le repos, les cadeaux, les ragooooooots!*

Moi 3 : *Biiiiiiiiiiiiiip* ter.

Moi 1 : *Peut-être que ce serait pas mal de faire profil bas sur les scènes de liesse, non ?*

Moi 2 : *Mmmm... Oui, peut-être, mais à moi les câlins, les mots doux contre mes chagrins et le munster au cumin* !*

Moi 1 : *Nan, mais l'Homme, on y pense là ou bien?*

Moi 2 : *Oui, oui, mais on voit ça dans deux ans, d'ac?*

C'est là que j'ai dû me rendre à l'évidence. En cette période hyper-compliquée après la naissance, j'étais totalement incapable de penser à autre chose qu'à moi et notre bébé. J'étais en mode *Koh Lanta* après trois semaines sans être arrivée à faire du feu : mon instinct de survie était activé et en quête de toute nourriture émotionnelle qu'il pouvait trouver.

Et dans ce contexte, comment dire non à une raclette party et s'affamer juste encore un tout petit peu plus pour exprimer son soutien à son coéquipier? Je suis désolée mon amour, sur ce coup-là, je n'ai pas su jouer collectif... Je n'ai pas vu que toi aussi, tu avais besoin d'une #teamfamille, même différente, même élargie.

* Note de l'auteure : étant originaire d'Alsace, j'ai, comme la plupart de mes congénères, tendance à me réjouir de certaines choses pouvant sembler anachroniques, voire particulièrement répulsives pour les non-autochtones. #sowhat

CE QU'ON A APPRIS

Le deuil, la perte d'une personne aimée… Le sujet est presque tabou quand on agrandit la famille. Normal, on n'a pas envie de se rappeler, quand on donne la vie, qu'elle a forcément une fin, qu'elle va parfois, voire souvent, nous blesser. Et pourtant, il ne faut pas fermer les yeux sur ces vieux dossiers mal classés que l'arrivée d'un bébé nous force à déterrer. Bien au contraire, il faut saisir cette opportunité. En parler, mettre enfin des mots sur ces douleurs qu'on tentait de dissimuler tant bien que mal sous un pansement Batman, se reconstruire autour d'un nouveau noyau familial : c'est aussi cela le miracle de la naissance. Mais encore faut-il trouver la force (pour l'un) et se donner la peine (pour l'autre) de s'y atteler.

Quand le deuil refait surface, on essaie de...

• Faire preuve de compassion.
L'empathie c'est bien. Mais est-ce que tu peux vraiment te mettre à sa place face à son deuil ? Non, t'as de la chance, t'y connais rien à la mort ! Et si tu tentais plutôt de lui apporter ton soutien, ton amour, de lui demander, tout bêtement, si ça va et ce dont il a besoin...

• ... et de respect !
O.K., tu as besoin de ta famille. Mais s'il souffre parce que cela le confronte à sa perte, peut-être qu'il serait bon de trouver un juste milieu qui convienne à tout le monde. Décaler certaines visites, briefer ceux qui viennent, raccourcir les durées de séjour. Je fais un peu plus attention à lui !

• L'encourager à se faire accompagner ?
Le deuil, moi, je sais pas faire. Alors, si ça ne va vraiment pas pour lui, je peux lui glisser un mot pour qu'il aille en parler à un tiers spécialisé (psy ou autre). Il a peut-être besoin de ce coup de pouce pour franchir le pas.

• Parler.
Encore une fois, me taire n'est pas une bonne solution : l'image de l'homme solide, costaud, qui tient par vents et marées c'est bien... vétuste.

• Profiter.
Sa famille remue des souvenirs compliqués et V. ne le comprend pas même en expliquant doucement ? Il reste plein de points positifs à la venue de la belle-famille. Je tâche de m'en rappeler.

• Équilibrer.
Elle ne comprend vraiment pas ? Alors je négocie, c'est moche, mais bon, j'en ai besoin pour que la situation ne s'envenime pas au fil du temps. Noël, c'est ta tribu, l'été c'est la mienne. Mais en attendant, on trouve une solution qui convienne à tous les deux.

AVANT J'étais HYPE.

Mais ça c'était AVANT

Après plusieurs semaines/mois de passages de potes/famille/concierge, de messages à gogo sur tous les réseaux, vous vous retrouvez soudain à trois, de préférence en plein mois de novembre, sous une avalanche de pluie, pendant une épidémie de gastro. Comment réagissez-vous ?

Ⓐ Vous hibernez.

Ⓑ Vous profitez.

Ⓒ Vous paniquez.

Ⓓ Aucune des réponses ci-dessus.

SON DÉBRIEFING à ELLE

Ils m'ont tous oubliée...

Je ne m'en serais probablement jamais douté, mais je suis aujourd'hui convaincue que devenir parents, c'est peu ou prou, avoir le même parcours qu'un candidat de téléréalité.

La preuve : comme tout candidat visant à marquer d'une pierre blanche l'histoire d'une sombre chaîne de la TNT (qui ne passera pas elle-même à la postérité), je suis moi aussi passée par trois phases :

1 L'insoutenable anonymat

- La star de téléréalité (appelons-la Jessica, Lola ou tout autre prénom en A) veut y parvenir coûte que coûte. Elle le sait, son destin, c'est de passer à la télé, voire mieux encore, de devenir chroniqueuse experte de ladite télé (parce qu'elle l'a vécue du dedans, profondément...).
- Moi, c'était pareil : il fallait que j'y parvienne coûte que coûte, sauf qu'en l'occurrence, mon ambition à moi n'était pas de glander en maillot devant une bande d'ados surhormonés (je n'ai jamais eu la cuisse assez ferme), mais d'enfanter. Et franchement, vu le nombre de médecins qui m'ont fait me déshabiller pour y arriver, je pense que Jessica et moi, on se trouverait sûrement de nombreux points communs si on était amenées à se rencontrer. #erreurdecasting #BFFimprobable

2 La gloire

- La star de téléréalité : castée pour ses talents (ou pour avoir fait preuve d'acharnement), Jessica connaît quelques mois de gloire, un voyage à Cancún et une collab make-up/lingerie à la clé (parce qu'elle est plus qu'un body, elle en a dans la tête aussi). Bref, c'est l'euphorie, l'acmé d'une vie... Elle est assaillie de propositions, couverte de cadeaux dans l'espoir d'obtenir un post Insta, au centre de toutes les attentions...

- Moi : après des années d'acharnement, j'ai aussi eu droit à mon moment de gloire après avoir à nouveau montré mon intimité à une série d'inconnus venus observer le spectacle (accoucher avec les internes en médecine, ça c'est fait). L'enfant est née, et moi aussi, j'ai eu des tonnes de propositions (Tu veux qu'on passe vous faire le ménage ? Que je te garde la petite le temps d'aller chez l'esthéticienne ? Que je reste une semaine pour que tu puisses te reposer ?), reçu des cadeaux par milliers immédiatement postés sur Insta avec son #mamangatée et découvert des messages sur tous les réseaux, même ceux sur lesquels je ne savais plus que j'existais (un tweet de naissance : vraiment ?). Bref, j'étais la star de la parentalité, à l'apogée de sa gloire de mère, l'ego à l'image de son périnée : enflé.

3 La chute

- La star de téléréalité : son voyage à Cancún diffusé, elle perd doucement, mais sûrement de son intérêt, remplacée par de nouvelles Lola, plus callipyges, plus jeunes et peut-être même plus douées pour faire leur contouring. Bref, retour à l'étape 1, sans espoir (sauf miracle ou saison 2) de passer au niveau suivant.
- Moi : après des semaines à être au centre de toutes les petites attentions, les messages se sont progressivement réduits à ceux de la famille et des amis (très proches). Plus de petits conseils qui font rouler des yeux (O.K., je suis désespérée et déprimée, mais j'avais pas besoin de ta recette de cataplasme pour périnée enflé), plus de smiley de soutien, plus de petit mot sorti de nulle part « juste

pour voir comment ça va », plus d'alerte Google Calendar pour prévenir de l'arrivée des prochains squatteurs de maison... Le calme (plat) est revenu (d'autres naissances à fêter, d'autres chats à fouetter), pourtant j'étais toujours aussi fragile, toujours aussi dépassée, toujours aussi déprimée. Sauf qu'avant, au moins, j'avais l'impression d'avoir du soutien.

SON DÉBRIEFING à LUI

Enfin tranquille... mais pourquoi pleure-t-elle, elle ?

Seul avec l'enfant, dans un soleil froid, le jeune couple agite un mouchoir blanc pour souhaiter bon départ à la caravane familiale qui est restée squatter pendant deux semaines (ou plus).

— V. *(en pleurs)* : Tu souris ?

— Moi : Non... pas du tout, c'est le soleil qui m'éblouit !

— V. *(pleurant plus fort)* : Je te hais...

— Moi : On va manger un pad thaï ?

Ce déchirement, j'aurais un peu dû m'y attendre. Après l'accouchement, suit une période très étrange où le jeune père et surtout la jeune mère sont au centre de toutes les attentions. Vous êtes la star – par procuration puisque la vraie star est l'enfant – de la famille, vos amis vous appellent tous les jours, les collègues vous posent mille questions (dont personne n'oserait douter de la sincérité).

Et moi, ça me gonfle. Ça me gonfle parce qu'il n'y a sans doute pas d'expérience plus intime, plus personnelle, que de

passer de deux à trois. Avant de m'ouvrir au monde comme un papillon radieux et vibrionnant, j'ai besoin d'être cette chenille grasse et lente qui digère ses feuilles.

Alors quand l'agitation s'est calmée après les premières semaines de visites, petites attentions délicieuses, j'ai poussé un ouf de soulagement. Puis j'ai regardé ma chère et tendre. Sa lèvre inférieure tremblait ; son regard était perdu au loin fixant sans doute une lueur introuvable (oui, je suis lyrique face au désespoir !).

Et ça, cela a été un uppercut au menton. Pour moi, ça voulait dire « nous trois, ça ne lui suffit pas ». Elle paniquait. Alerte rouge ! Danger. Et oui, car V. a toujours aimé les petites attentions. V. a toujours eu besoin de se sentir aimée, chouchoutée, dorlotée, d'avoir sa tribu qui gravite à ses côtés.

C'est à ce moment-là qu'il a fallu redoubler d'astuces pour trouver la méthadone de l'ego-trip qui suit l'enfant. Ma stratégie.

1 La maintenir au centre de l'attention grâce :

- Aux promenades avec la poussette qui attirent le passant allemand (notamment quand on a une poussette qui fait un quart de la taille de celle des parents locaux).
- Aux goûters dans les salons de thé bondés où l'enfant sera vite repérée et admirée (et la mère félicitée).
- Aux appels du pied pour que les copains envoient des messages à la maman.

2 Remplacer (mais en moins bien) les petites attention manquantes :

- Rapporter un pad thaï au canard le soir (son kif de grossesse qui n'a pas l'air de passer).
- Des fleurs une fois par semaine minimum (mais pas les lys qui sentent trop fort et font tousser l'enfant).

* Les mots doux *via* Hangouts/Skype/Insta/Messenger pendant le travail (mais pas maintenant mon cœur, je suis en réunion client).
* …

Est-ce que cela a marché ? Partiellement, sans doute. Mais cela n'a pas empêché la dépression post-partum d'arriver. J'aurais dû prendre le pad thaï poulet…

CE QU'ON A APPRIS

Quand on devient parents, qu'on est assaillis de demandes de visites, de photos, de nouvelles, on a parfois (ou souvent quand on est un monstre asocial comme l'Homme) l'envie de se recentrer sur l'essentiel, de trouver enfin le précieux équilibre qu'on cherche tant à trois (ou plus). Mais ce à quoi on ne s'attend pas, c'est que quand la présence des proches se fait plus discrète, on se retrouve soudain en face à face à face (la fameuse confrontation à trois). Et là, on est obligés de se rendre à l'évidence : la solitude se conjugue aussi à trois.

On se sent seuls à trois, c'est le moment de...

- **Ne pas confondre discrétion et abandon.**
Ce n'est pas parce qu'ils donnent moins de nouvelles que nos proches ne sont plus là pour nous. Si on est dépassés, crevés, paumés... il suffit qu'on ose demander pour obtenir quasi immédiatement le soutien dont on a besoin.

- **En parler.**
L'Homme est content qu'on puisse enfin souffler tous les trois ? Tant mieux, mais je partage avec lui mes angoisses et mon ressenti. Lui aussi fait partie de mon réseau de soutien !

- **Tenter de comprendre.**
Pourquoi j'ai tellement besoin qu'on me dise qu'on m'aime tout le temps ? O.K., c'est un GROS dossier ! Mais peut-être que je peux me faire une note à moi-même pour en parler plus tard à ma psy.

- **Ne pas paniquer.**
O.K., la vie à trois, on ne gère pas encore complètement. Mais ça ne s'apprend justement en étant entre nous, sans l'intervention des autres. C'est un peu effrayant, certes, mais c'est vraiment ici que notre aventure commence !

- **Trouver un bon fleuriste.**

- **Trouver un bon restaurant thaï.**

- **Dire discrètement aux autres que V. se sent seule,**
même si ça pique de le dire vu qu'on pensait qu'à trois on était au complet.

- **Avoir une bonne bande passante pour télécharger Diablo,**
pour me vider la tête et faire ma chenille.

SARTRE

AVAIT RAISON :

« L'ENFER

C'EST LES AUTRES. »

Vous croisez un couple qui porte son bébé en écharpe/allaite/fait tout bien comme il faut, pas du tout comme vous. Comment réagissez-vous ?

- **A** Je culpabilise.
- **B** Je m'en fous.
- **C** Je leur fais un croche-patte.
- **D** Aucune des réponses ci-dessus.

Pfff, j'suis nulle...

Dans mon collège alsacien, j'ai toujours évolué dans une zone grise, à savoir très loin des cool, mais quand même pas avec les coincés qui se faisaient harceler par lesdits cool. Vu mon acné et mon incapacité budgétaire à investir dans les bonnes marques (jamais eu le sac Creeks, toujours eu des fausses Converse, celles sans le macaron), je suis clairement passée, pour une raison miraculeuse qui m'échappe aujourd'hui encore, entre les mailles du filet. Dans la chaîne alimentaire adolescente, j'étais donc à peu près l'holothurie (ou concombre de mer) sans les Air Max et le pull Poivre Blanc. Autant dire que mon soupir de soulagement à l'obtention de mon brevet a été grand.

Problème : je ne m'attendais pas, vingt ans plus tard, à être propulsée à nouveau dans l'écosystème de mes pires cauchemars. Et pourtant, la maternité a tout du collège... Il suffit pour cela de faire une petite étude anthropologique de tout ce beau monde ! Chez les parents, il y a ainsi...

✶ La cool

À peine sortie de la maternité, la mère cool a déjà la cuisse plus ferme et le ventre encore plus plat qu'avant sa grossesse, parce que vraiment « c'est fou, ces petits miracles inattendus de la parentalité » (#tuezmoimaintenant). Et comme évidemment, il ne suffisait pas qu'elle rentre dans le jean de ses 15 ans à quarante-deux semaines de gestation, elle a aussi un tour de poitrine qui ferait même rougir Michou (#RIP). Évidemment, la matriarche cool ne sort jamais sans sa panoplie Stokke et sa YOYO, elle conserve à tout jamais ses cheveux et sa peau rayonnante de grossesse, quand son bébé régurgite sur elle, c'est toujours de la couleur de son pull et ça ne sent jamais mauvais donc on ne se rend compte de rien, et elle est au taquet pour reprendre le boulot après deux jours parce que son bébé faisait déjà ses nuits avant même de naître.

✱ L'artiste

Il y a fort, fort longtemps, l'artiste trimballait ses cartons à dessin et sa natte fleurie à travers la cour, laissant nonchalamment tomber un recueil de poèmes de Rimbaud, parce que « tu comprends, il est tellement plus *deep* que Baudelaire... ». Aujourd'hui, elle trimballe son bébé dans une écharpe en sergé croisé (parce qu'elle sait ce que c'est), a décidé qu'elle arrêtera d'allaiter quand il se sèvrera lui-même et laisse traîner nonchalamment ses livres d'Isabelle Filliozat parce que « tu comprends, elle est tellement plus bienveillante que Lolo... ».

✱ La loseuse sympa

Elle, c'est un peu moi. Au collège, elle était moyennement douée en classe, moyennement plaisante à regarder et finalement moyennement existante (le concombre de mer...), mais on la tolérait parce que :

- Elle était quand même bien sympa.
- C'était la seule du *crew* qui savait cuisiner.
- Elle ne gênait pas.
- Elle était un bon faire-valoir pour ses copines bien foutues qui pouvaient affirmer « mais si, je suis pote avec tout le monde » (comprendre avec les cheums aussi).

Devenue mère, elle a tout tenté, mais moyennement réussi, comme moi. L'allaitement : après quelques semaines d'obstination et un abcès, ÉCHEC. L'éducation bienveillante : après 372 nuits sans sommeil (perso, déjà pendant ma grossesse, mon enfant refusait de dormir), ÉCHEC. Le ventre plat et la cuisse ferme (qui ne l'étaient déjà pas en période préconceptionnelle) :

ÉCHEC, bide total, #FAIL… Et c'est un euphémisme ! L'avantage, c'est que personne ne m'en tient vraiment rigueur compte tenu du reste, à savoir le total look sportswear un temps tant convoité (sweat vomito, jogging à élastique, Air Max retrouvées au fond du placard), le cheveu fin et gras et le teint brouillé (car oui, pendant la grossesse, il y a des résurgences d'acné…).

Petit guide du name-dropping entre parents…

Discuter entre parents, *a fortiori* quand on ne connaît pas bien ses interlocuteurs, cela ressemble beaucoup à un cocktail *corporate* où il faudrait se faire remarquer, savoir glisser les bons noms au bon moment pour montrer qu'on est #aware (au courant pour les bons Français) et prêts à briller en société. À potasser avant votre garden-party version famille :

1. Isabelle Filliozat : psychothérapeute, c'est un peu la nouvelle Lolo, mais en mieux (avec ses 6500 livres de *parenting*). C'est elle la grande prêtresse de la parentalité positive et de l'approche empathique de l'enfant. Son site : www.filliozat.net

2. Serge Tisseron : psychiatre, membre de l'Académie des technologies, il est le premier à avoir clamé qu'il était temps de priver nos enfants d'écran avec sa méthode du 3-6-9-12. Son site : sergetisseron.com

3. Papa Positive (ou Jean-François Belmonte, au choix) : c'est le premier papa influenceur de l'éducation positive. Un Isa (Filliozat, *of course* !) en version homme et 2.0. Donc pas la même chose, mais ça vous donne une idée ! Son site : papapositive.fr et son Insta : @papapositivefr

4. Catherine Gueguen : pédiatre, elle est le gourou des neurosciences et de l'empathie (encore elle). Son credo : c'est l'attitude bienveillante du parent qui aide le cerveau de l'enfant à arriver à maturité et ainsi à être apaisé, mieux vivre ses émotions, etc. Bref, il faut être gentils, c'est la science qui le dit.

Il y en a évidemment bien d'autres, mais avec ces quelques bases du moment, vous devriez pouvoir donner le change jusqu'au dessert/goûter au moins !

Bref, après vingt ans d'autothérapie, de régimes, de speech motivationnel pour me convaincre que « oui, ce poste je le mérite » et « bon, ce cuissot est toujours gras, mais là ça va, c'est pas pire », j'ai eu l'impression d'être revenue, avec ma maternité, à la case départ de l'estime de soi et chaque mère YOYO-Stokke-ventre plat que je croisais en était le douloureux rappel, comme la fonction *snooze* d'un réveil qui ne s'arrêterait vraiment jamais !

Le problème identifié, j'aurais pu tenter de prendre du recul, de regarder *Dirty Dancing* en mangeant du chocolat (ça fait toujours du bien) ou d'aller voir ma psy… Mais au lieu de ça, j'ai évidemment choisi de pourrir l'Homme pour une raison X ou Y. Pratique, je l'avais sous la main (et ca ne fait pas grossir de le pourrir).

SON DÉBRIEFING à LUI

De toute façon, j'aime personne.

Soyons honnêtes, j'ai une forte tendance à être TRÈS sélectif sur les personnes que je fréquente… Soyons encore plus honnêtes, je suis un asocial qui met très longtemps avant de tolérer que quiconque ait accès à ce que je juge relever de l'intimité. V. a d'ailleurs validé sa période d'essai de couple en moins de dix ans, ce qui est remarquable.

Il faut coupler à ce ~~super-pouvoir~~ ce handicap, mon hermétisme total à la comparaison à autrui. Si untel a décroché *The* super job, je suis content pour lui et cela ne remet pas en cause le fait que je sois doué/nul/minable. Si un ami a des problèmes de couple, je l'inscris en douce sur Tinder et j'arrange six *dates* pour lui sans son consentement, mais cela ne remet pas en cause mon couple.

Si l'on cumule ces deux éléments, il serait assez juste de dire que j'ai créé autour de moi un kibboutz émotionnel : je vis ma vie, j'ai mes peines, mes joies et je me concentre sur cela pour donner autant que je peux à ceux qui me sont chers. Bref, les individus de la rue et leur opinion m'importent autant que la grammaire et la syntaxe importent à Jul (signe avec les doigts).

Du coup, je n'ai pas tout de suite assimilé – voulu assimiler – la détresse psychologique de V. lorsque au détour d'une promenade anodine (après la 23e prise de pouls de notre fille pour s'assurer qu'elle n'était pas morte sous ses 12 couvertures), elle s'est figée net après avoir été doublée par une autre maman qui faisait son jogging-poussette tout en agitant fièrement une queue-de-cheval dont les ondulations parfaites auraient pu remplacer un métronome.

— Son bébé devait avoir le même âge qu'E.

— Pas vu.

— … et elle avait perdu tous ses kilos en trop.

Le mot « kilo » dans une phrase éveille toujours en moi un signal d'alarme tonitruant qui indique : « Écoute ce qu'elle dit, il y a un problème, mais tourne ta langue sept fois dans ta bouche avant de répondre. » J'ai donc répondu avec élégance et en prenant mon temps, mais pas trop : « Pas vu. Toi aussi, amour de ma vie. »

L'humeur sombre de ma moitié pour tout le reste de la journée – soit de 10 h 47 à 23 h 53 – m'a indiqué que le problème, que je pensais résolu, était loin de l'être dans son esprit et que toute comparaison avec une autre maman devait être bannie de nos discussions définitivement.

La confirmation est venue quelques semaines plus tard lorsque l'une des amies proches de V. a accouché avant de repartir vivre en Asie du Sud-Ouest pour une mission humanitaire.

— Tu te rends compte, son fils va avoir tellement de chance de grandir dans un univers aussi riche.

— *[Sonnette d'alarme : comparaison incoming = cri de détresse.]* Mon cœur polyglotte, nous vivons entre Paris et Berlin et on est bien.
— Justement, j'ai parlé avec ma copine allemande du cours de rééducation du périnée et sa fille de trois mois sait déjà lire.
— Mon cœur, tu fais tout très bien, notre enfant est merveilleuse (tiens, elle joue justement avec son caca !) et sera heureuse toute sa vie (sauf quand elle comprendra que *Dirty Dancing* est une ode au détournement de mineur).

Il y avait là une confrontation de fonctionnement très violent : d'un côté mon Bob l'éponge émotionnel et de l'autre ma tendance naturelle à être un Robinson Crusoé affectif (seul sur l'île de ses émotions). Et là il n'existe qu'une solution : « Viens dans mes bras, mon cœur. Tu fais tout bien. La joggeuse là, celle avec le petit c… erveau, je suis sûr qu'elle était débile. Et puis ta copine en Asie, elle laisse une nounou s'occuper de son fils dix-huit heures par jour, tu imagines le manque de connection ? Et ton Allemande… Tu ne penses pas qu'elle a un peu enjolivé le truc ? »

Bref, V., c'est mon Vendredi à moi.

CE QU'ON A APPRIS

Finalement pas grand-chose, si ce n'est que la parentalité est la suite logique de la vie qui la précédait avec ses diktats, ses complexes... et ses comparaisons qui sont évidemment toujours en notre défaveur. Quand on est parents, comme quand on a 15, 20 ou 25 ans, on subit la pression de la norme et des injonctions du moment et autant dire que cela ne s'arrête pas miraculeusement au bout de dix mois. Comment ça on n'a pas inscrit notre enfant dans une néo-école Freinet-Montessori ? Comment ça on n'éteint pas le wi-fi une fois qu'on est au lit ? Comment ça elle regarde *SamSam* bien que Serge Tisseron ne le recommande pas ? Et *Princesse Mononoké*, on lui propose au moins en VO sous-titré ? On sera toujours les losers sympas d'autres parents... Alors autant se satisfaire de qui on est vraiment !

Face aux comparaisons, j'essaie de…

• **Identifier nos moments de fierté.** J'arrête de faire une fixette sur le sergé croisé et je me concentre sur toutes nos réussites. J'ai repris le Pilates ? La classe ! E. a dit son premier mot plus tôt que prévu ? Re ! • **Prendre de la hauteur.** Je réagis toujours de manière littérale, épidermique, sans analyse ou prise de distance. Mais la maman qui fait son jogging, elle a peut-être une haleine fétide et celle qui porte en écharpe des hémorroïdes… • **Écouter l'Homme.** Il m'encourage et il est fier de moi, même si c'est difficile à admettre pour mon cerveau surhormoné. Si j'en prenais un peu de la graine ?	• **Relativiser.** Les autres semblent arriver à faire dormir leur enfant dix-huit heures par jour et pas nous ? Tant mieux pour eux, nous on arrive super bien à jouer à *Star Wars* avec le poupon ! • **Écouter.** Si elle regarde à côté, c'est qu'elle se sent un peu perdue. J'écoute, je dédramatise et je ne regarde pas la jeune maman qui court en yoga pants. De toute façon, elle est débile. • **Encourager.** C'est rude après la grossesse. Sans doute bien plus pour V. que pour moi. Alors je la félicite, l'encourage : « Ouh là, tu t'es lavé les cheveux cette semaine ! » ; « Comme tu sens bon avec le Sanex™ » ; « Tu es resplendissante sous la lumière vespérale de cette soirée d'hiver, amour de ma vie ! ».

« Non, ce n'était pas le radeau de la Méduse ce rafiot* ... »

*Oui, celui qui ♫ s'appelait Les Copains d'abord ♫ ! Millénial > YouTube > Recherche : Georges Brassens (mais quand même, respecte-toi !)

Depuis que votre enfant est né, les copains c'est…

- **A** tous ensemble, tous ensemble, hé, hé ! On prend les parents des uns et des autres, les mômes des uns et des autres, on mélange tout et ça marche toujours.
- **B** votre exutoire, votre bol d'air frais, votre sortie de secours !
- **C** votre point sensible : en ce moment, les potes, c'est *touchy* !
- **D** une révélation : les copains + la famille, c'est comme avant mais en mieux.
- **E** Aucune des réponses ci-dessus.

J. : Friends will be friends*...

V. et moi sommes des parents tardifs. Et cela a eu des effets sur nos relations amicales au fur et à mesure de notre cheminement. Car tel un adolescent qui n'arrive pas à passer à l'âge adulte, nous avons, pendant un temps, été en décalage avec les copains. Ils avaient les contraintes du nouveau-né lorsque nous vivions la bohème (bourgeoise, certes, mais bohème quand même) ; ils parlaient achat de maison/appartement/résidence secondaire/labrador... quand nous parlions FIV et ils sortaient des *terrible two* (voire des *fucking four*) lorsque E. est née. Pour autant, cela n'a jamais vraiment créé entre nous des dissensions. Au contraire, nous avons appris de leur expérience de vie, la preuve en quatre scènes devenues cultes (pour nous du moins).

1. **La déconnexion : on n'a pas de truc qui bave et on kiffe la life.**

Scène 1 : terrasse de café parisien, 18 h 30 ; A. et moi.

— A. : Je suis claqué aujourd'hui, je n'ai pas dormi à cause de L. qui fait ses angoisses de la mort...

— Moi : Ha ouais, tiens cette semaine avec V. nous sommes allés voir la Palme d'or (à chier) et le prix du jury du Festival de Cannes. Heureusement qu'on a la carte illimitée.

— A. : Ça fait trois ans que je ne suis pas allé au ciné...

— Moi : Sinon pour les vacances, on se disait, sac à dos et on fait la côte est du Viêt-Nam. Vous venez avec nous ?

— A. : *(Pleure dignement.)*

---

* ♫ If you're in need of love, they give you care and attention ♫
Millénial (ou autre) : tu n'as aucune excuse si tu ne connais pas cette référence étant donné que tu étais bel et bien en âge d'aller seul au cinéma quand le biopic sur Queen, *Bohemian Rhapsody*, est sorti en 2018. Mais si nécessaire, demande tout de même à YouTube.

— Moi : Tu pleures ? Mais qu'y a-t-il ?

— A. : Rien, faut que j'y aille, je dois passer acheter des couches.

— Moi : Mais tu viens d'arriver…

② La haine : on n'a pas de truc qui bave. Pourtant, c'est pas faute d'essayer !

Scène 2 : terrasse de restaurant parisien, 13 h 30, brunch ; D. et B., couple d'amis, V. et bibi.

— V. : Pour le brunch, on prend du blanc ou du rouge ?

— D. : heu…

— V. : Ha non ! Pas de bière le matin !

— D. : c'est-à-dire que…

(Silence gêné – V. se lève de table, attrape une cigarette et fonce à l'angle de la rue. Les sanglots retentissent jusqu'à la frontière de l'arrondissement.)

— Moi : Wouhouuuuuuuu ! Félicitations ! Je reviens ! V. est allergique aux poll… à la cacahu… aux femmes enceintes.

③ Les noobs : on a notre truc qui bave à nous !

Scène 3 : terrasse de bierstub à Francfort ; le BFF et moi.

— Moi : 'tain j'en peux plus. Ça fait trois mois que je n'ai pas dormi et V. commence un baby blues des familles.

— A. : Classique…

— Moi : Nan, mais t'imagine pas…

— A. : Si, si, j'imagine bien, tu sais… Tiens, pour les vacances on laisse L. à ma mère et on va plonger aux Maldives. Ça te tente ?

— Moi : *(Pleure dignement.)*

A. : Ne pleure pas, ça va passer. Je t'accompagne acheter les couches ?

4 WE ARE FAMILYYYYYYY !

Scène 4 : maison de vacances 12 chambres dans le Périgord, 23 heures autour d'un barbecue ; A. le BFF, M. la BFF, D. et B. le couple d'amis BFF.

— Moi : J'ai cru qu'on n'arriverait jamais à les coucher…

— M. : M'en parle pas, les jumelles, je me suis endormie avec elles en les berçant.

— A. : Qui veut la fin de la sixième bouteille de rouge ?

— V. : Punaise… 23 heures déjà ?

— B. : Vas-y, je finis la bouteille ! Faut pas gâcher !

— D. : 23 heures ? Je vais aller me coucher sinon demain, on va être crevés…

— Tous : Moi aussi !

Bref, les amis c'est ceux qui restent, même après les enfants.

SON DÉBRIEFING à ELLE

De la diplomatie amicale du jeune parent.

L'Homme et moi avons un rapport très différent à l'amitié.

* **Lui, fait plutôt dans le luxe.** Dans son entourage, quelques pièces d'orfèvrerie qu'il garde précieusement depuis des années… Parfois, un ou deux potes rencontrés au fil des années sont promus *in extremis* pour intégrer la collection. Mais cela s'arrête là : son tissu amical est précieux et quasi inusable.
* **Moi, je suis plus en mode H & M et Zara de l'amitié.** Pas que je surconsomme, mais j'aime en avoir plein, plein, plein, parce qu'en matière d'amitié, le dressing de mon cœur est complètement extensible. Du coup, je cumule les copines de collège, d'Erasmus/de fac (et leurs copines, car

c'est bien connu : les amies de mes amies sont aussi mes amies), de boulot (ancien ou nouveau), de rééducation du périnée, de voisinage, de yoga, sans oublier les copains communs avec l'Homme (même s'il argue qu'ils sont en réalité les siens et qu'ils ne font que tolérer gentiment ma présence depuis des années) et les femmes des copains communs avec l'Homme, elles-mêmes devenues mères d'enfants eux-mêmes devenus potes avec notre enfant.

Jusqu'à la naissance, tout ce joli monde cohabitait paisiblement dans mon Google Calendar et mon WhatsApp, sans prise de tête particulière. On se disait ce qu'on pensait sans filtre et on ne se faisait de la peine que quand on n'arrivait pas à se mettre d'accord sur le menu du dîner/brunch/apéro.

Et puis le divin enfant est né et tout a été chamboulé. Mon constat : quand on agrandit la famille, il faut savoir faire preuve de diplomatie envers ses amis. Pas les premières semaines, où l'euphorie de la naissance est partagée et où l'on bénéficie d'une autorisation tacite à inonder la messagerie desdits amis de photos de petites mains (#socute), pieds (#sosocute) ou de tout autre bout mignon de son bébé qu'on aurait découvert au détour d'un change ou d'une régurgitation. Non, l'épreuve du tact vient plus tard, quand la vie reprend ses droits, qu'on découvre soudain qu'on n'est pas l'épicentre de l'univers et que parler de son enfant...

1. **Ce n'est pas toujours intéressant.** Savoir que votre bébé a dormi douze minutes de plus qu'hier ? Une petite victoire pour vous, mais une non-info pour la population générale. #désolée

2. **C'est parfois carrément répugnant.** La couleur bouton d'or des selles de votre bébé allaité ? Une nouvelle passionnante pour vous (qui aurait pu croire qu'un caca puisse être doré ?), mais trop gore pour que le reste de votre réper-

toire ne veuille pas éradiquer votre numéro de ses contacts et de la surface de la planète par la même occasion. #resorry

3 **Cela peut carrément être un crève-cœur.** J'en ai moi-même fait l'expérience quand ma copine D. m'a annoncé avec toute la délicatesse du monde qu'elle était enceinte de leur second… Après des années de suivi et des mois de traitements en PMA, c'était juste trop douloureux de se réjouir pour eux. J'ai pleuré et je me suis barrée. Alors non, parler de son enfant, ce n'est pas que bonheur et réjouissement !

Bref, après cette énième Épiphanie parentale, j'ai entrepris de mieux cloisonner mes groupes d'amis pour adapter mes interactions et faire en sorte que personne n'ait son petit cœur brisé ou ne soit saoulé par mon (bon, notre) bébé. Ainsi, toute une flopée de nouveaux sous-groupes amicaux est soudain apparue sur mon WhatsApp pour éviter que la propagande parentale (qu'elle soit en faveur de la contraception ou des familles nombreuses) ne vienne entacher certaines relations. Cela n'empêchait pas d'aborder les mêmes sujets, juste de mieux les angler ! Un exemple ? Ma première fête des mères…

Groupe

Le coin des mamans
(sous-groupe des copines de fac)

Soit le groupe où je peux tout décharger généralement photos gore et détails crus à l'appui :

* L'érythème fessier du lardon.
* L'acné du nourrisson.
* Le sein au bord de l'explosion.

Et évidemment et surtout les lacunes paternelles.

La discu en cours

— Moi : Ralala, ma première fête des mères… j'en reviens pas.

— My : Tu vas voir, le premier collier de nouilles, c'est tellement émouvant…

— Natach : Moi, j'avais reçu un fichier Excel colorié à la peinture à doigts. Que du bonheur ! Sans oublier que K. a enfin daigné passer la serpillère après six semaines à se tourner les pouces sur le canap.

— Moi : 😍😍😍😍😍😍😍😍😍😍

Futures médailles Fields (et autres génies)

Soit le groupe où il est acceptable de mentionner l'enfant à condition qu'il élève le débat.

— Moi : Je ne pensais pas que je me réjouirais un jour de la fête des mères.
— Charlotte : C'est vrai, c'est quand même une célébration décrétée par Pétain en 1941 pour promouvoir la valeur famille. C'est une fête fasciste !
— Moi : Mais nan ?
— Cécile : Non, mais tu plaisantes, mêmes mes première L le savent. On a potassé ça dans le cours sur « Comment caractériser le régime de Vichy ? ».

Trente ans d'amitié (même pas mal)

Soit le groupe où parler d'enfant est généralement un simple propos liminaire pour nous rappeler nos querelles de collège et nous réconcilier en parlant de *Dirty Dancing*.

— Moi : Les filles, j'ai souvenir qu'en cours de dessin de sixième on avait fait un super truc pour la fête des mères. Ça vous dit quelque chose ?
— Flo (qui se souvient de tout, tout le temps) : Bien sûr, c'était avec M. X et on avait fait un XXX.
— Frances : Ah ouais, et celui d'Ariane était vraiment trop moche.
— Ariane : Oui, mais moi au moins, j'avais réussi à faire fonctionner mon testeur d'humidité de plantes du cours de techno, contrairement à vous.
— Amaya : Ouais, enfin, t'avais réussi à le faire fonctionner parce que t'avais pompé sur moi !
— Gallou : Perso, j'avais eu 18 aux deux...
— Moi : Bébé, pour moi c'est le nom d'une femme ! #wishlistcomplete

Les pièces rapportées des copains

Soit le groupe où parler de l'enfant vise uniquement à bitcher sur l'Homme (le mien et la gent masculine en général).

— Moi : Vous pensez que les hommes vont faire un truc pour la fête des mères ?
— Didine : Nan, B. est pris par le marathon nudiste de Palavas-les-Flots.
— Brune : Nan, A. est pris par l'apéro.
— Morgano : Qui a besoin de pères ? Surtout pour célébrer la fête des mères...
— Moi : C'est vrai, tous des canards...

Copines sans enfants (célib, en parcours de PMA, en procédure de divorce)

Soit le groupe où tout sujet concernant de près ou de loin un enfant est proscrit, sous quelque forme que ce soit. INTERDIT, *FORBIDDEN, VERBOTEN !*

— Moi : Vous faites quoi ce week-end ? Grasse mat, pique-nique aux Buttes-Chaumont, goûter chez Babka Zana ?
— C. : Ouais, je vais peut-être passer à la rétrospective des frères Dardenne à la Cinémathèque, de toute manière il va pleuvoir.
— A. : Perso, j'ai une soirée la veille alors je comptais pioncer. Pourquoi ?
— Moi : Non, non rien, juste pour savoir...

Magic collègues

Soit le groupe où la mention de l'enfant permet de réaliser à quel point tu es totalement #out !

— Moi : Les filles, vous avez des idées de cadeau de fête des mères ? Je manque d'inspiration pour rappeler à l'Homme qu'il y a un an mon périnée rendait l'âme et que c'est de sa faute (en partie).
— Nelly : J'ai lu ce témoignage de vie incroyable d'une syndicaliste féministe polonaise unijambiste des années 1940, pionnière de la sensibilisation à l'endométriose... C'est parfait !
— Mylène : Un petit chien ? Une plante ? Oh, un papillon !
— Sandy : Attends, je t'envoie un lien vers l'article shopping fêtes des mères de *Cosmo*. Y a des trucs cool de chez XXXX [remplir ici par la marque de créateur hype dont vous n'avez jamais entendu parler, tout en hochant la tête genre « mais bien sûr, xxx ! »].

CE QU'ON A APPRIS

Avant de devenir parents, on savait déjà que nos amis étaient précieux, qu'ils nous aidaient à grandir, qu'ils nous donnaient le sourire. En ayant un enfant, on s'est rendu compte (encore plus qu'avant) à quel point ils étaient indispensables à notre équilibre et soyons honnêtes, parfois à notre survie physique, émotionnelle et sociale, en répondant toujours présents dans les coups durs. C'est pourquoi, il est aussi important de les bichonner : ce n'est pas parce qu'on a un bébé, qu'il faut les oublier !

Pour faire grandir nos amitiés maintenant qu'on est parents, on passe en mode...

• **Écoute bienveillante.**
Les préceptes de l'éducation positive, ça marche aussi pour les copains. Ce n'est pas parce qu'ils sont adultes que les copains n'ont plus besoin qu'on réponde... à leurs besoins !

• **Autocensure.**
Parfois, quand on est centré sur son bébé, on a tendance à ne pas faire gaffe à ce qui peut se passer à l'extérieur de notre microcosme. Pourtant, certaines choses mêmes anodines de la parentalité peuvent être vécues avec difficulté/ennui par ceux qui nous entourent. Le soutien aux copains passe aussi parfois par un peu plus de subtilité et un peu moins de diarrhée verbale.

• ***Happy together !***
Les amis c'est comme une grande bouteille de vin : c'est exceptionnel et ça se garde longtemps... à condition d'en prendre soin. Alors s'ils sont heureux, on est heureux.

• ***With a little help...***
Les amis, c'est ceux qui quoi qu'il arrive seront là si on crie à l'aide. Un peu d'empathie quand ils en ont besoin (perso, je suis pas super fort pour ça), et surtout, on prend le train, l'avion, la voiture, le cheval s'ils ont besoin de nous face aux enfants.

• ***Sweet child of mine***
Pouvoir dauber sur ses enfants et se souvenir qu'on a été jeunes, beaux (je parle de V., pas de moi) et branchés, ça n'a pas de prix. Les amis non plus.

Mon Bébé : encore mieux qu'IG !

Vous vous retrouvez à une soirée corporate où vous ne connaissez quasi-personne. Vous…

Ⓐ dégainez la vidéo TikTok de votre bébé qui se dandine sur *Baby Shark* (#tropcute) pour appâter le chaland.

Ⓑ tentez de repérer les chemises froissées (pas le temps de repasser), les pulls tachés (régurgitation d'enfant en bas âge) et les ensembles robe-baskets (signe de pieds déformés par la grossesse + éventuel besoin de décoller en urgence).

Ⓒ vous faites alpaguer au bar par un collègue jeune papa parce que vous fredonniez sans vous en rendre compte le dernier tube d'Aldebert.

Ⓓ Une soirée ? Nan, vraiment vous êtes trop fatigué(e).

Ⓔ Aucune des réponses ci-dessus.

Ça y est, je suis un monstre social !

Avant d'être maman, j'ai toujours eu une admiration mal dissimulée pour les extravertis, ces monstres sociaux qui en cinq minutes savent devenir ta BFF au point où tu serais assez à l'aise pour leur parler des résultats de ton dernier frottis, ces aventuriers de la relation qui seraient capables de copiner avec n'importe qui, du contrôleur des impôts à l'huissier venu sonner un dimanche matin avant 8 heures. Moi, j'étais (et je suis toujours) une introvertie qui se soigne. Aller vers les autres ? Ça me fait mal (partout, mais surtout aux fesses) ! Faire du *small talk* ? Ça me coûte un bras ! Prendre l'initiative d'un contact avec un inconnu ? Ça me flanque direct la migraine et pas celle qui passe avec un Doliprane non, celle qui est tellement douloureuse que tu préférerais passer ton été avec ta belle-mère plutôt que de subir la céphalée. Derrière tous ces bobos de l'interaction, elle était toujours là, cette petite voix qui me disait « Qu'est-ce que je vais pouvoir leur dire ? », « Et s'il y a un blanc gênant ? », « Qu'est-ce qu'ils vont penser de moi ? » et « S'ils décidaient de ne pas m'aimer ? », « Puis-je être moi-même en dehors du regard de l'autre ? » (nan, quand même pas, mais presque). Bref, j'étais passablement névrosée de la confiance en moi et ma personnalité d'ourse qui se serait levée du pied gauche après son hibernation, n'arrangeait pas vraiment les choses.

Et puis, le divin enfant est né et du jour au lendemain tout a changé. J'avais désormais en ma possession, la clé de l'extraversion, le saint Graal de la communication spontanée, la solution ultime à tous les « on se dit quoi maintenant », la formule magique pour briser la glace : la parentalité ! C'est simple, l'enfant, *a fortiori* quand il est petit, est le dénominateur commun qui permet de dépasser toutes les différences, de démêler tous les nœuds gordiens, de se faire « liker » par l'humanité alors qu'on avait jusqu'ici deux followers car il génère une empathie immédiate et absolue tout en réduisant en bouillie de mignonnerie, le cerveau de l'interlocuteur du jour.

Quelques exemples.

1 Le comptable :

Je reçois une invitation à un point très matinal *via* mon calendrier partagé. C'est le comptable.

- Première réaction : PLS (les comptables, ça fait très, très peur, ça parle pas la même langue que nous, et c'est fondamentalement méchant... Tout le monde le sait).
- Seconde réaction : Purée, je vais me faire tuer (#obvious : le comptable n'appelle jamais pour te demander comment se sont passées tes vacances ou si t'as vu le menu de la cantoche).

— Allô V. ? Oui, je t'appelle parce que tu n'as pas rendu tes notes de frais. Donc ça va être pour ta pomme[*].

— Rhhhaaaa, je suis désolée, j'allais le faire avant-hier, mais j'ai dû partir tôt, ma petite avait une poussée dentaire de ouf, elle souffrait le martyr, elle avait la tête d'un frère Bogdanoff/Lil Wayne/une Real Housewife après séance de Botox [rayer la mention inutile selon vos références] et j'ai dû passer en cata à la pharmacie parce que j'avais plus de Camilia/Dolodent/Doliprane (ou toute autre drogue qui nous permettrait de dormir plus de deux heures d'affilée)...

* Le comptable use évidemment d'un langage plus policé qui lui est propre, mais bizarrement, dans certaines circonstances, il sait très bien se faire comprendre.

— Ah là là, m'en parle pas ! Le mien, il faisait à chaque fois des érythèmes fessiers purulents et ne se calmait qu'en mâchonnant une racine d'iris bio importée de Papouasie-Nouvelle-Guinée. Ma pauvre, t'as pensé à lui acheter un collier de noisetier (#lecollierdambrecestout) ? Bon courage en tout cas et t'inquiète pas pour tes notes, on en reparlera à l'occasion, je vais bidouiller un truc dans le système en attendant.

Le miracle s'était produit. Le comptable était mon nouveau BFF, ma procrastination administrative complètement honteuse pardonnée, la paix dans le monde presque assurée... Tout ça grâce à mon bébé !

2 L'expatriation

D'un point de vue social, notre arrivée à l'étranger a été compliquée, à plusieurs titres :

- *Ich bin kein Berliner* et vue ma maîtrise très limitée de la langue de Rammstein, difficile de se prêter au doux art du BMB que je ne maîtrisais déjà pas vraiment avant notre installation.
- J'avais 20 kilos de trop (qui venaient malheureusement se cumuler aux 10 autres que j'avais déjà en excès avant), le cheveux gras et surtout j'étais tellement hormonée que dès que quelqu'un prononçait un mot qui commence par B (bébé, biberon, Beyoncé, Botox, barbiturique, Blaise Pascal), je fondais en larmes. Bref, je me classais plutôt dans la catégorie des OSNI (objets sociaux non intéressants).

Mais voilà, malgré tout, le pouvoir magique de l'enfant a, une fois de plus, opéré... En trois séances collectives de rééducation du périnée (ouais, on se périne à 20 en Allemagne) à « multitasker » entre les exercices de Kegel et la mise au sein, me voilà intégrée dans un nouveau *girl crew* où l'on jongle de main de maître entre les comparatifs de *Wickeltuch* (ou lange d'emmaillotage) et les recettes à base de *KurbisKerne* (ou graines de courge, qui font l'objet Outre-Rhin d'un étrange culte qui n'a d'égal que l'amour local pour les *currywurst* #chelou). Pas mon mode d'intégration privilégié à vue de nez, mais c'était là un premier pas vers l'identification des BFF potentielles du cru (celles qui ont lâché le sein pour le bib et peuvent donc boire l'apéro, celles qui ont ressorti les clopes parce qu'une fois de temps en temps, c'est quand même bon). Oui, c'était terrifiant et jubilatoire de l'admettre, mais mon bébé avait fait de moi une extravertie...

SON DÉBRIEFING à LUI

« Et vous, les enfants, ça va ? »

Dans ma vie professionnelle – la fausse, donc –, j'ai pu graviter dans deux types d'entreprises. Et dans chacune de ces catégories, l'enfant a non seulement toujours été un sujet phare de conversation, mais surtout un élément constitutif de l'employé concerné par la parentalité. Résultat : la vie au bureau a toujours été, bon an mal an, influencée par l'enfant. La preuve par deux.

1 La boîte de djeunz

[aka « jesuistropcrevéjaiencoreprisunecuitehier »]

Ici, le marketing, la communication ou tout autre fonction au turnover qui ferait pâlir d'envie le MEDEF sont rois, la moyenne d'âge est inférieure à 30 ans, la pratique de l'afterwork est poussée et fait même parfois office de Tinder/bal des pompiers/agence matrimoniale. Être papa y est donc soit synonyme de « je suis super manager et j'ai fini ma carrière », soit de « j'espère que tu ne comptes pas trop voir mini-toi vu qu'on fait des nocturnes trois fois par semaine ».

Pire encore, l'enfant est la garantie de l'exclusion, comme j'ai eu l'occasion très rapidement de m'en rendre compte.

— MOI *(Traduction de l'allemand : ON.)* : *Wie geht's?* Vous avez l'air éclaté les gars !

— JAY *(29 ans, membre de mon équipe, originaire d'Hawaï, les cernes jusqu'aux genoux)* : *Yo man,* on s'est fait un after hier soir pour fêter le pitch… Et on est juste passés se doucher avant de revenir à l'agence ce matin.

— MOI : Haaaaa… Mais on n'avait pas dit qu'on ferait un déjeuner vendredi ?

— J. : Si ! Bien sûr, mais on fait les deux !

— MOI : Je serais bien venu avec vous pour l'apéro…

— J. : Ha bon ? On a pensé qu'avec ta fille bah…

— MOI : Que je suis trop vieux pour sortir ?

— J. : … ouais. *Sorry dude.*

Bref, dans ce type de boîte, être père de l'enfant c'est comme être roux au Moyen Âge ou être végétalien au McDo : difficile de se sentir accepté.

2 La boîte de ieuv

[aka « jesuistropcrevéjaithéoquifaitsesdents »]

Ici, c'est l'exact opposé : l'enfant devient élément de socialisation et excuse indiscutable pour tout (retard, absence, mauvaises performance et haleine…). Pire encore, c'est l'absence d'enfant qui ostracise, qui rend suspect.

La transition entre ces deux types d'entreprise fut chaotique pour moi… Comme en attestent de multiples conversations entre collègues.

— COLLÈGUE 1 : Ça va ? Ça se passe bien ton arrivée ici ?

— Moi : Oui, oui, je prends mes marques. Mais on cherche toujours une crèche pour E.

— Collègue 2 : Haaaa, si tu veux une crèche, j'en connais une super à côté de chez toi avec piscine, bowling, club d'escalade et cours de ski alpin à partir de 2 ans !

— Moi : ... merci !

— Collègue 3 : Tiens, regarde les photos de mon fils qui a le même âge que ta fille (12 mois) ! Là il fait une piste noire avec ma femme. Là, il tente le saut à ski pour la première fois*. L'année prochaine, on se met au hors-piste.

— Moi : Whaouuu, super ! Sinon, on pourrait aller prendre un verre ce soir pour...

— Collègues 1, 2 et 3 : Avec plaisir, mais on ne peut pas. On va chercher les enfants à 17 heures.

— Moi : 17 heures ? Mais...

— Tous : On pourra prendre un vin chaud à la fête de Noël du bureau pour fêter l'inscription de ta fille à l'initiation au pentathlon moderne ! Et tu sais, si tu as besoin de la garder, tu peux faire du *work at home*, sans souci !

Résultat des courses : j'ai sociabilisé grâce à l'enfant, j'ai vu les photos des familles de tous mes collègues et j'ai compris que niveau sport, j'allais vraiment en baver ici...

* Plus rien ne m'étonne depuis qu'on a emménagé à Grenoble.

CE QU'ON A APPRIS

Certes, la parentalité est parfois contraignante, fatigante, voire complètement angoissante. Mais l'un de ses grands avantages, c'est qu'elle met à disposition le plus précieux outil de socialisation : l'enfant. Et au-delà des petites entourloupes mignonnes qu'il permet (justifier un retard, poser ses vacances en priorité...), l'enfant est surtout la clé pour se constituer un nouveau réseau, élargir son cercle d'amis (ou du moins de potes/collègues tolérables), et de trouver autant de nouvelles épaules sur lesquelles on peut parfois se reposer en cas de difficultés. C'est utile aujourd'hui et cela le sera pendant encore très, très longtemps !

Pour booster mon réseau de parents, je n'oublie pas de…

• Être dans l'échange. Parler du divin enfant, c'est bien, mais pour que la relation marche, il faut aussi s'esbaudir devant l'enfant de l'autre ! **• Ne pas en faire des tonnes.** L'enfant qui nous lie aux autres, oui ! L'enfant qui devient une excuse pour tout et n'importe quoi, non ! Je continue à nous assumer, moi et mes erreurs, comme avant. **• Sortir ma carte gouzi-gouzi à bon escient.** L'argument de la mignonnerie ne marche pas à chaque fois, comme avec le Patron-Dont-On-Ne-Dit-Pas-Le-Nom. Être une maman qui a du réseau, oui ! Perdre en crédibilité pro, non !	**• S'adapter.** Les entreprises et les collègues ne sont pas tous *kids friendly* de la même manière. En fonction de la moyenne d'âge, de la culture ou du domaine d'activité, il faut s'adapter pour ne pas être le parent relou ou le chien fou. **• Jouer le jeu.** Parler enfant est sans doute le meilleur moyen de briser la glace quand c'est bien amené. Pas la peine de sortir les photos de baptême/circoncision, mais faire ce qui me correspond. **• Ne pas être juste un papa.** De temps à autre, un pot entre collègues, un dîner ou une invitation c'est mieux que la pause déjeuner avec projection des diapos de l'enfant.

CONCLUSION

Quand on devient parents, l'équation de la vie quotidienne se complexifie passablement (voir, à ce titre, absolument toutes les pages précédentes de cet ouvrage). Pour rappel, si vous vous êtes permis de sauter quelques passages, on passe ainsi de :

adulte 1 + adulte 2 (soit x 1 et x 2)	=	**bonheur simple et apaisé**

à

x 1 + x 2 + élément chou mais perturbateur (appelons-le Y)	=	**bonheur démultiplié mais beaucoup moins simple et apaisé**

(voire carrément un passage en mode panique à bord, hissez le drapeau blanc, sortez les canaux de sauvetage !)

Le hic : on ne prévoit pas toujours qu'au-delà de cette formule déjà capilo-tractée, les autres, proches ou moins proches, pourraient venir peser, positivement ou négativement, dans sa résolution. Et pourtant c'est le cas. La preuve en un tableau (parce qu'on adore les tableaux) !

Dans la balance de notre équilibre familial, ils pèsent…	**Positivement** *(ah là là, ça fait du bien !)*	**Négativement** *(vraiment, tu crois qu'on en avait besoin ?)*
La famille	Elle est la première à être là, à venir aider, à soutenir, à nous accompagner pour surmonter les difficultés. Et quand elle est belle, unie, et tout droit sortie d'un épisode des *Bisounours*, elle répond toujours présent à court terme ET à plus long terme.	✱ Elle est la première à être là… au risque de l'être un peu trop. ✱ L'intimité et les limites ? Connaissent pas ! Par contre, les débordements – de présence, d'effusions, d'hystérie collective… ✱ Sans compter que la famille n'est pas toujours rose bonbon… Et quand les relations sont sources de tensions, que le deuil est encore présent ou simplement que la famille est absente, la naissance peut faire vibrer des cordes (trop) sensibles.
Les potes (les vrais)	Ils répondent toujours présents, sont un soutien indéfectible, sont là dans les difficultés et la liesse (en mode, tribu de *Koh-Lanta* sans les trahisons). Bref, on peut compter sur eux !	Parfois, la parentalité peut mettre à mal l'amitié. Pas sciemment, mais le manque de disponibilité, les centres d'intérêt qui évoluent, et parfois le manque d'écoute font qu'on prend ses distances… Et mine de rien, ça fait bobo !
Les autres parents	*A priori*, ils sont les mieux placés pour faire preuve d'empathie… Et donc chercher à faciliter la vie de ceux qui sont aujourd'hui dans la position pas forcément épanouissante/confortable dans laquelle ils étaient hier.	Ils peuvent être source de bien des pressions, quand on n'est soi-même pas très confiants en ses compétences de parents. L'Uber-maman qui arrive à tout gérer, l'hypermaternante pro de la bienveillance… À côté, on a parfois l'impression d'avoir tout raté.

Ajoutez à cela l'influence de votre divine enfant, qui elle aussi vient complexifier l'équation de vos relations aux autres, et il y a fort à parier que vous soyez... un peu paumés ! Mais c'est aussi cela toute la beauté de cette période pleine de nouveautés : elle contribue à enrichir les interactions sociales (parfois de manière surprenante), conduit chacun à se questionner (parfois difficilement), à se repositionner face aux autres, et si tout se passe bien, à mettre en place des relations bienveillantes, plus respectueuses des besoins de chacun.

En d'autres mots, en devenant parents, on grandit aussi dans l'altérité... même si les ajustements sont parfois un brin compliqués. Pour y parvenir, nous avons parfois trimé. Et c'est finalement en parlant de ce dont nous avions vraiment besoin, en arrêtant de nous mettre la pression et en accordant aux autres l'attention dont on avait aimé et aimait encore bénéficier qu'on a fini par intégrer notre trio dans un univers beaucoup plus grand et beaucoup plus palpitant.

Et ces leçons apprises il y a maintenant cinq ans, sont toujours aussi précieuses, car aujourd'hui :

- La famille est toujours aussi envahissante.
- Les plaies du deuil et de la perte restent douloureuses, même si avec le temps, le pansement Batman a été retiré pour mieux cicatriser.
- Les amis sont toujours là, même si parfois on ne se parle pas pendant six mois, parce qu'à force de faire des enfants, de divorcer, de se recomposer, on est forcément un peu moins dispo sur les réseaux, même si on reste toujours aussi présents par la pensée.
- On crée toujours de nouveaux liens grâce au divin enfant : les mamans des petites copines qui deviennent les copines de maman, les collègues qu'on ne pensait pas trop kiffer et

qui ont finalement eux aussi une fille qui veut devenir ballerine étoile-licorne-comptable quand elle sera grande, etc.

* On trouve toujours un parent apparemment plus doué que nous : la maman déléguée de parents d'élèves, qui a déjà enseigné trois langues à ses enfants, qui leur propose des activités Freinet-Montessori même quand ils sont aux toilettes, et qui poste le tout sur Instagram, eh bien tant mieux pour elle ! Nous, sur le papier, on a tout faux : on dépasse les temps d'écran autorisés, on apprend le vélo à l'enfant deux ans après tout le monde, on ne joue pas aux cartes mentales mais elle lorgne sur les cartes Magic pleines de monstres, de trolls et de succubes de Satan de papa. Et pourtant, on est heureux.

Et finalement, au fil des années, l'équation familiale continue d'être plus complexe, mais surtout beaucoup, beaucoup, plus riche...

x 1 + x 2 + y + le reste de notre petit univers	=	**grand bonheur mal dissimulé !**

Direction : Jean-Louis Hocq
Direction éditoriale : Marion Guillemet
Édition : Bérénice Taveau
Correction : Audrey Peuportier
Conception graphique, couverture et mise en pages : Johanna Fritz
Fabrication : Laurence Duboscq

Solar éditions
solar_editions

Solar, un département d'Édi8
92 avenue de France
75013 Paris

ISBN : 978-2-263-17024-9
Code éditeur : L17024
Dépôt légal : septembre 2020
Achevé d'imprimer en France par Normandie Roto s.a.s. en août 2020 (2002906)